編集者　川上隆志
千倉書房

装丁　司　修

まえがき

編集者を目指す人たちへ。

この本は、これから出版・編集の道へ進みたいと考えている学生たちや、出版・編集の世界に入ってこれから大いに活躍をしようと企んでいる人たちを読者に想定して書かれている。

編集者という仕事は、広い意味でのマスコミ・ジャーナリズムに分類されるが、実際の発行部数を見れば、ミニコミ・ジャーナリズムに近い。しかしそれはあくまで数字上のことで、たとえ数千部やそれ以下の部数であっても、意識の上では無限の読者を想定しているものだ。また、ごく少数の人たちに向けて書かれた本が、大ベストセラーになることだって有りうるのがこの世界である。

では何が編集者という仕事を特徴づけていると考えることができるのか。詳しくは本文を読んでもらいたいが、ひとことで言うならば、出版という職業を通じて自分の理想を実現することである。そのことを本書では書いたつもりである。ここで書いたことは、そのような編集者という仕事の「理念型」である。

しかし、実際の編集者の仕事は雑務にまみれ、連日連夜の忙しさの中で、ともすれば当初の理想を忘れてしまいがちだ。現場で実務に携わっている人には、そんな時にこそ改めて本書を読んで自分の仕事の意味を振り返ってほしい。

もっとも、当初は学生向けの講義を意識して書いたものなので、いくぶん教科書的な記述のところもあるかもしれない。あまり興味が持てない部分は読み飛ばしてもらってもかまわない。

ただし、編集者という仕事のことを書いてはいるが、企画の立て方や人間関係のネットワークの作り方など、広くビジネスや地域での活動に応用できることも多いはずだ。そのように読んでもらえることもできると思う。

この本を読んだ読者が編集者という仕事に興味を覚えてくれれば嬉しいし、編集者を志す一人でも多くの人が、先人から伝わる編集者のＤＮＡを継承してくれれば、著者としては最高の喜びである。

目次

第1章

時代をリードする黒子

——編集者とは何か

1　編集者の能力が衰退している

編集者と聞いてどのようなイメージが浮かぶだろうか。作家の家に泊り込んで原稿催促をする姿や、薄暗い机に座り込んで原稿をチェックする様子などが、小説やドラマなどで紹介されている。もちろんそうしたことは編集者の重要な仕事の一つであるが、それだけが編集者の仕事ではない。

より大事なことは、現代において何が読者に求められているか、どのような情報を読者に向けて発信すべきか、学問状況の課題は何か――そういった問題を考え、その問いを企画にして実現し、さらに販売によって流布していく、そうした総合的な役割が編集者には必要とされる。

ここでは、編集者の重要な役割として、まずは次のことを強調しておきたい。

一、編集者とは黒子として著者の仕事を支える存在である。

二、著者との共同作業を通じて、新しい価値観を社会に提示する。

三、現代文化の推進者として、総合的なプロデュースをする。
これらのことが、出版文化の現在から未来を考える上で、編集者に求められている根本的なことである。

ちなみに、欧米における編集者と日本における編集者のイメージにはかなり違いがある。欧米では、エディターは強い権限をもち、書物の構成から内容、表現に至るまで厳しくチェックする。その位置は、著者と対等か、それ以上のリーダーシップを発揮する。

日本では、もちろんそうしたリーダーシップで著者をぐいぐいリードする編集者も多くいるのだが、昔ながらの「本屋の小僧さん」というイメージをもって接してくる著者も多い。その場合には、原稿の内容への注文などはとんでもない話で、一言一句間違いなく原稿通りに本にすればよいという態度が見られることもある。

私の経験でも、欧米の留学経験や出版事情に通じた著者と仕事をしたときには、かなりの頻度で意見を求められ、実際、こちらの意見も聞いてくれた。それに対して、古いタイプの学者には、指定の日時に呼び出され、原稿受取証を書き、一字一句直さないことを文書で約束させられた経験もある。もちろん、こうした著者の態度には、編集者としての力量が影響しているのは間違いないが、最近では、一徹タイプの学者も少なくなり、後者のようなことは減ってきている。

さて、日本において出版の危機が叫ばれて久しい。後述するように、日本の出版界の実情を示すデータは、いずれも悲観的なものばかりである。出版の危機を招来した原因は、もちろん著者の力量低下という側面もあるだろうが、著作物を生み出す立場の編集者の能力の衰退によるところも大きいのではないだろうか。

今、あらためて出版文化と編集者の意義を考えるとき、こうした編集者の仕事への認識がおろそかにされているのではないかという危機感も、あわせて強くもっている。こうした危機を克服するために、この本で現代文化における編集者の役割を考察してみたい。

2　編集という仕事

今こそ編集者論を

近年、出版をめぐる「出版学」が確立してきた。二〇〇四年には上智大学で文嬿珠《ムンヨンジュ》氏が学位を取得している。その論文は、留学生の視点で日本の出版界を捉えたユニークなものである。その中で文氏が強調するのは、編集者論の不在である。その問いかけを見てみよう。

ユネスコの調査によれば、日本はイギリス、ドイツに続く出版の盛んな国で、だいたい日本には四三〇〇の出版社があって、年間七万点以上の書籍が刊行されている。そういう意味では非常に出版の盛んな国である。しかし、その多様な出版物を作り出している人たちはどういう人たちなのか、具体的な編集者たちの姿がなかなか見えにくい。これだけ豊かな出版文化が形成されているにもかかわらず、その担い手である編集者像というものが非常に見えにくい。それは一体どういうことだろうか。

文氏は、従来の日本における編集者論を分析して、「編集者女給論」あるいは「編集者三五歳定年説」「編集者関取論」などがあったという。

「編集者女給論」は、編集者というのは、女給、今ふうに言えばクラブのホステスであるというもの。つまり著者を良い気分にさせて、それで原稿を書いていただく。著者にしてみれば、非常に便利な、痒いところに手の届くような存在としていてくれればいい、という論である。

私も文化人類学者の山口昌男氏によく言われたことがある。

「編集者三五歳定年説」は、編集者が弱体な社会的基盤の上で、著者の周辺を飛び回って激しく不規則な生活を送って身をすり減らすことに因る。

「編集者関取論」。関取と同じで編集者というのは若いうちが稼ぎ時で、しかも早く老いる、という意味だ。

文氏は、日本にはこういった、必ずしも編集者の仕事の価値というものが十分に認められたとは言い難い編集者論しかなく、本格的な編集者論が不在なのではないか、という現状を紹介した上で、その一つの原因として、「出版研究が長い間独立かつ固有な研究対象として自立できず、マスコミュニケーションやジャーナリズムの研究の中に埋もれ主体性に欠けていた」。ひとことで言うと、ジャーナリズム論の中でも、とりわけ「出版研究」というのは遅れていたのではないか、と指摘している。

その結果、「編集者の存在が表現と創造の前面に出ないという特性により論議や研究の対象として挙げられず、その役割や機能についてもあまり注目が払われてこなかった」。つまり、どうしても編集者というものは、ある種の「黒子」であるために、なかなかその役割、機能についてきちんとした研究分析がされてこなかったのではないか。そういった理由から、主観的な編集者論を超えた、総合的かつ体系的な編集者論が形成されるに至っているとは言い難い、という現状を指摘している。

確かに日本のジャーナリズムでは、こういった問題について、われわれ編集者の間で雑談的に話すことはあっても、きちんとした学問的立場からの指摘はなかった。

文氏の論で、編集者の社会的価値を高めるには何が必要か、という点で指摘されているのは次の二点である。

まず編集者自身の、将来についてのある種の不安、仕事における満足度が低下しているのではないか、という危機感があって、それが結果的には編集者自身の質、社会的価値の低下をもたらしている。そのため、ジャーナリストとしてのやり甲斐に見合った将来保証が必要だ。

もう一つは、編集者を供給している側、つまり大学における出版教育がほとんど行なわれていないという指摘だ。ジャーナリズムの講座やマスコミの講座は各大学でも増えているが、新聞やテレビに比べて、出版に関する教育は非常に少ないということを指摘し、今後の課題として大学における出版教育の必要性を提起している。

そして、現在非常に多様化しているメディアの中で、プロフェッションとしての編集者の必要性をきっちりと認識し、とりわけ出版物という、文化的価値をもつと同時に商品としても価値をもつ、そういうもののつなぎ役として担う編集者の役割を強調した上で、まさに今、編集者論というものが必要とされている、と結んでいる。

三人の編集者による定義

鷲尾賢也という元講談社の編集者が『編集とはどのような仕事なのか』を出版した。鷲尾さんは、講談社というエンターテインメント系に強い出版社の中で、学芸局という堅めのセクションを作り上げ、現在は引退された方である。その本で、編集者とは非常に定義しにくいけれども、やはり本を出す上での「黒子」、いわば著者と読者を結ぶ媒介者のような存在だ、としている。その上で編集者に必要な要素として、旺盛な好奇心があることや人間好きであることを挙げているが、鷲尾さん自身もこの本で言っているように、編集者とは何か、というのはなかなか一口で言いにくいものである。

もう一人、これはまだ現役に近い人だが、松田哲夫という筑摩書房の編集者。今はむしろテレビで有名で、土曜日の「王様のブランチ」という番組で本の紹介をしている。その松田さんが書いたのが、『編集狂時代』という半自伝的な本だが、その最後に「編集者ってどういう仕事?」というまとめをしている。それを簡単に紹介してみたい。

「1、編集者は読者である」。

これは、編集者になるには本や雑誌などの書物が大好きである必要があるということ。

「2、編集者はコレクターである」。

これは「ものごとを色々と集めて編む」ということ。松田さんは、「ちくま文学の森」のように、集めて構成するのがうまいタイプの編集者だ。

「3、編集者は雑用係である」。

これは確かに実感するところ。実際にいろいろな現場にいれば、まさに編集者というのはほとんど雑用係だということがわかる。

「4、編集者はサービス業である」。

これは「編集者女給論」に近いと思うが、それこそ著者の日常生活から葬式の世話までするサービス業である、ということだ。

「5、編集者は校正者である」。

ふつう校正には専門の校正者がつくが、編集者にもそれは当然必要な技術だ。

「6、編集者は製作担当者である」。

多くの出版社には、資材の調達とか印刷会社とのやりとりをする「製作担当」という人間がいるが、そういう分業組織があるにもかかわらず、編集者はそれらに関する基本的知識はもっている必要がある。

「7、編集者はデザイナーである」。

造本から装丁に至る仕事は、専門のデザイナーがやることが多いが、しかし編集者自身もデザインのセンスをもっていないと、デザイナーとやりとりができない。

「8、編集者は営業担当者である」。

編集者といっても、実際には常に本を作っているだけではなくて、営業の担当者と一緒に書店に行ったり、取次会社に行ったり、といったことをしきりに行なっている。

「9、編集者は批評家である」。

著者についていわゆる学者や作家内の評価とは別に、編集者としての評価が必要なことが多い。そういったことは重要である。

「10、編集者はライター（作家）である」。

とりわけ雑誌系の出版社に行くと、編集者自身が原稿を書くことが非常に多い。また、雑誌でなくても書籍を編集していく中で、実際に原稿のリライトをしたり、あるいは難解な表現を直す。とくに学者には不可解な表現で何を言っているんだかよくわからない、という文章が多く、それを直したりするのは、編集者の基本的な仕事だ。

「11、編集者は学者である」。

編集者はいわゆる狭義の学者ではないが、幅広く学問的関心をもっている必要がある。

「12、編集者は企画者である」。

当たり前と言えば当たり前で、もうその通り。しかし一番難しい。

「13、編集者はプロデューサーである」。

編集者には、今後プロデューサーとしての能力が必要になってくることはまちがいない。

最後に、岩波書店に、故人だが私の先輩に岩崎勝海《かつみ》という編集者がいた。岩波新書を長く編集した後、岩波ジュニア新書を創刊した人だ。

彼が『編集長二十年』という本を出していて、その中で「編集の公式」というのを書いていて、「アンソロジー・アクチュアリティ・プロフェッショナル」の三つを公式として挙げている。これを言い換えると、「人間として編み（アンソロジー）、社会的に表現・行動し（アクチュアリティ）、それを職業として遂行する（プロフェッショナル）」ということになる。これは先ほどの文氏の指摘とかなり重なるところもあるが、これは自身の体験から出てきた言葉であって、一つの編集の公式として、なるほどと思わせられる。マックス・ウェーバーの『職業としての政治』に、「情熱・責任感・判断力」という三つの要素が挙げられている。これも政治と編集者を入れかえてみれば、とても重要な言葉である。

編集者としての三つのタイプ

私自身の体験から言うと、編集者には大雑把に言って三つくらいのタイプがあると思う。

一つは「学究タイプ」。これは学術出版社などに多いが、ある学問研究に非常に精通した編集者で、著者と同じレベルから、と言っても専門的ではなくて、あくまで編集者という立場から、著者の研究をサポートするタイプの編集者。いわば学究型の編集者だ。

二つ目は、言葉は悪いが一種の「小判鮫タイプ」。著者に四六時中張り付き、いわば箸の上げ下ろしから夜寝るまでつきあって一緒にいるようなタイプ。これは文芸編集者などに多い。

三つ目は、「プロデューサータイプ」。これはいろんな情報を収集して、さらに出版というだけに止まらず、幅広く文化現象としての仕掛けをしていくタイプ。今後はこの「プロデューサータイプ」が、非常に重要になるだろう。

一人の編集者の中には、この三タイプが複雑に絡み合っていると言えよう。

私自身は、岩波書店という学術系の出版社にいながら、「学究タイプ」にはなれなかった。もちろん力不足もあるが、目差す方向は「プロデューサータイプ」だった。なるべく幅広い関心で企画を立て、それを実行するための人間関係の構築に腐心してきたのである。

3　価値を創造する

世の中の事象を整理統合し、問題の所在を示す

さて、私自身の編集者論として、ここでは編集者の仕事とは何かを、四つの指針から定義してみたい。

まず第一に、「世の中の事象を整理統合し、問題の所在を示す」ということである。何と言っても、編集者は「時代への嗅覚」をもつことが重要である。時代の空気をいわば体現する。そういったアクチュアリティを常に意識としてもち続ける。それが編集者の基本的な考え方、理念である。

それを支えるものとしては何があるかというと、まず一つには「旺盛な好奇心」。これはどんな編集者も必ず言うところである。世の中のありとあらゆることに好奇心をもたなければ編集者というのは成り立たない。その好奇心は幅広ければ幅広いほど良い。先ほどの鷲尾さんも

同じようなことを「あらゆることを面白がれる精神」として取り上げている。たとえば村上春樹と小池栄子と蓮池透とタリバーンと、それらのすべてに対して同等の関心がもてる幅の広さをもたなくてはならない、と。

鷲尾さんがもう一つ言っているのは、学術書にもコミックにも『バカの壁』にも、目を通そうという意識だ。文芸作品から、エンターテインメント、さらに言えばスポーツ、芸能、どんなことにも等距離で関心をもって、横断的に物事を見ていく能力。そういった好奇心のありようが非常に重要になってくる。

鷲尾さんはこう言っている。

「もちろんすべてを読みこなし、詳しく知っていなければならないということとは違う。一八〇度、いや三六〇度自分の視野を開放するという姿勢のことを言っているのである。編集者に専門などない。素人の代表である」

どんなことに関しても、いわば素人の意識、素人からの視点で専門家と対峙する。いわば「プロの素人」というか、そういう能力を、好奇心としてもち続けることが非常に重要になってくる。映画から音楽、ゲーム、サブ・カルチャーからハイ・カルチャーに至るまですべてに関して首をつっこみ、もっと言えば俊敏なフットワークをもって現場にどんどん入り込んでいく能力が非常に重要になってくる。そういった「好奇心」と「フットワーク」というのが基本的な要素だ。

「プロの素人になれ」と一口に言っても、実際には相当に難しい。そもそも「プロの素人」とは言葉からして矛盾している。ともすれば、仕事に慣れてくると、状況を把握し、先を読んだ行動をとり、仕事の効率は上がる。それは重要なことだが、編集という仕事では、効率のために見落としてしまう価値があることが多い。事実、ベストセラーになった本などは、誰でも気づいていながら当たり前のこととして企画化しなかったテーマだ。一例を挙げよう。『声に出して読みたい日本語』（斎藤孝、草思社）がベストセラーになった。その頃、朗読の重要性は、文学の世界などいろいろなところで言われていた。そこにいわば朗読のためのアンソロジーを出版したところが、「プロの素人」だ。「プロの素人」とは、いつまでも素人の好奇心をもち続けるプロ、ということである。

次に「問題の所在を示す」という編集者の役割だ。ここで重要になってくるのが「批判精神」である。常識を疑っていくこと、もっと言えば現代社会を疑っていくことである。

現代社会を肯定的に見ていくと、優れた編集活動はなかなかできない。雑誌を編集するにしろ、書籍を編集するにしろ、やはり編集企画の根幹には「批判精神」というものが大切である。

このことは、編集ということを超えて、学問でもそうだし、実業界でもそうだろう。どんな分野にも通じて言えることではないか。しかし、とりわけ編集者には、たとえばテレビを見るにしろ、新聞を読むにせよ、常に批判精神をもちながら見たり読んだりしていくということが必要である。

出版を通じて来たるべき社会の進路を示す

第二の指針。現代社会を見ていく上での批判精神の延長上には、ある理想的な姿を志向するために、時代の一歩先が見えていなくてはならない。「今こういうことが問題としてよくない」と批判するときは、それに対してどういうふうに対案を出すのかを考えていく必要があるだろう。それが企画に通じて行くことだ。現状を批判的に捉えた上で、新しい対案を出していくこと。それが二番目に重要になってくる。

私がかつて『へるめす』の編集長をしていたときには、「新しい歴史教科書をつくる会」の動きが活発になり、ナショナリズムが際立ってきた。そこで「くずれゆく日本」という特集を組み、「いくつもの日本」の視座の重要性を訴えたことがある。支配者の視点からではなく被支配者の視点から、勝者の視点からではなく敗者の視点から日本の歴史を描くとどう見えるか、という問題提起をしたのである。

ともすると、日常の業務の中ではそこまで考えきれず、忘れがちになってしまうが、この指針は編集企画における根幹ではないだろうか。

新しい価値を生み出す

第三の指針。社会の進路を示した上で、時代と切り結ぶ上での新しい価値を生み出すということが次の喜びになっていく。たとえば、雑誌にしろ書籍にしろ、そこに書かれているものがなければ、いわばただの紙切れを集めたものに過ぎない。しかし、ただの紙切れに過ぎないものに、一〇〇〇円とか二〇〇〇円の定価が付き、それがいずれ古典になっていったときには、古本屋では何千円、何万円となるようなこともある。あるいは図書館に納められて、歴史の中に残っていくこともある。そのような「価値を生み出す」のは、そこに書かれている内容があるからである。

では、その「価値」とは何か、どうすれば価値のありようを見つけられるか。たとえば俳句を例に取ると、「二物衝撃」という言い方がある。これは、五七五の十七文字の短い中に、全く違う二つの要素を盛り込んで、その違うものが一つの俳句の中に入ることによって、文学理論で言う「異化効果」が生み出され、それによって新しい、全く独自の表現としての価値を生み出される、という俳句の理論だ。

これは、いろいろなことに応用できる方法ではないかと思う。わかりやすく言うと、「意外な組み合わせが新しい価値を生み出す」ということだ。だから、「意外な組み合わせ」を作っていくことを編集者は常に意識していく必要があるだろう。それは雑誌の目次の作り方でも本の作り方でも、すべてに言えることだ。

たとえば、ある著者に本を書いてもらおうと考える場合、その著者には最も得意な部分があって、その専門性のところで勝負しているとする。そこにあえて違うテーマをぶつけてみる。それによって、著者自身は非常に悩んだり、考えたりするが、そのことがかえって著者を刺激して、その著者の見えざる新しい可能性を引き出してくれる。これは編集者にとって大事な仕事で、今あるものをそのまま展開するのではなくて、常に意外な組み合わせを志向していくということだ。

どうしても、著者というものは今までの仕事の流れにとらわれてしまうので、それをかき回して、動かして、ずらしていく。それが編集者の一つの大きな仕事になっていく。

かつて私も、前衛芸術家の赤瀬川原平さんに、岩波新書において『千利休』というテーマで書いてもらったことがある。詳しいことは第7章で書くことにするが、この本も、組み合わせのミスマッチの面白さでずいぶん話題になった本だった。

文化的価値と商品的価値のバランスを

そして第四の指針。どうしても編集者には「良い本を作りたい」という意識がある。もちろん著者にも、「良い本を書きたい」「良い本を残したい」という願望がある。それは非常にすばらしいことだが、そこで忘れてはいけないのは、とりわけプロとしての編集者にとっては、それはあくまで「商品」を作るということだ。「誰も読まない一冊の本を作るんだ」ということであれば、それは純粋に著者の問題であり、その著者と読者の二人だけの問題として考えればいいことだが、「読者との媒介者」である編集者が介在したときには、常に読者を意識しなければならない。つまり、「読者のいない本を作ってはいけない」ということだ。それは読者の数とは別の問題である。

このことも、言うは易し、である。

成功した例を一つ挙げよう。岩波新書で水木しげるさんの『妖怪画談』という本を作った。これは岩波新書初のオールカラー版で、水木さんの潜在読者数を考え、その読者と岩波新書固有の読者数を合わせて考えれば、ベストセラー間違いなしと判断して強気に出したら見事に当たり、二〇万部を大きく超える売上げとなった。

一方、うまくいかなかった例としては、小林恭二さんの『短歌パラダイス』がある。これは新鋭から大家まで、三〇人ほどの歌人に集まってもらい、歌会を開いたその記録である。折からの短歌ブームの中で、前著の『俳句という遊び』のヒットもあり、よく売れるだろうと踏んだら期待したほど売れなかった。実際に読んだ読者からは絶賛の手紙が届いたのだが、数字上は厳しかった。なかなか読者設定というのは難しい。

確かに、一〇〇万部売れる本もあれば、五〇〇部、もっと少なく一〇〇部くらいの専門書もある。しかし五〇〇部なら五〇〇部で成り立つ読者層を設定して、それに見合うだけの商品として、一〇〇人なら一〇〇人を対象とした商品として作り上げることが大事なことだ。わかりやすく言えば、一〇〇部でも採算が取れる本を作ることもあれば、一方で一〇〇万部売れる本はそれに見合った本として作っていかなければいけない、ということである。

ともすれば、編集者や著者は「良い本を作る」という言葉の陰で、商品的側面を忘れてしまいがちだが、書物も雑誌も、文化的価値と商品的価値とのバランスをとり続ける、ということが重要だ。たくさん売れるという「商品的価値」は、まず第一に意識すべきだろう。しかし本の価値とは部数だけではなく、歴史の中で生き残り、後世の人にも影響を与えるような文化への貢献、すなわち「文化的価値」こそ重要なのである。

カワカミセンセイの授業から１

編集者になるためには？

「編集者って何してる人だと思う？」

――えーと、本をつくってる人たちですよね。

「まあ、それはそうなんだけどね。ただ、編集者とひとことで言っても、書籍だったり、雑誌だったり、コミックだったり、つくるものによってやることがだいぶ変わってくるんだ」

――わたしは雑誌のイメージが強いな。取材して、人に会って、記事を書いて、忙しそうにバタバタしてる感じ。

――僕は昔から小説とか読むのが好きで、漠然と本に関わる仕事をしたいってくらいにしか思ってなかった。でも、実際に何をしてるのか、よく分からないなあ。

――センセイはいつ頃から編集者って仕事を意識していたんですか？

「うーん、いつ頃だろう…。高校生、いや中学生くらいかな。本が好きというよりも、編集という仕事の方に興味があったんだ」

——えっ、そんなに早くから編集者イメージがはっきりしてたってこと？

「作家のエッセイなんか読んでると、編集者がよく出てくるじゃない。ああいうのでイメージをふくらませていたよ」

——作家になりたいとは思わなかったんですか？

「書くよりも、書かせる方が楽しそうだったからね（笑）」

——学生時代に出版社でアルバイトしてましたか？

「いや、会社に入るまで出版に関わったことはなかった」

——まったく？

「そうだなあ…。編集者の集まる飲み屋でバイトしたことはあったな」

——へえー。現場の雰囲気をつかむには一番ですよね。

——僕は何とか出版社にもぐりこみたいな。アルバイトから入りこむことはできないんですか？

「出版社でも学生のアルバイトはあるけど、普通はアルバイトからそのまま採用ってわけにはいかないんだ。ただ、小さい出版社なら、気に入られればアルバイトからそのまま正社員っていうケースもあるよ」

――編集者になるためには最低限これだけはやっておけ、ということ、何かありますか？

「本気で編集者になりたいんなら、やはり人間を好きになる努力が一番必要だと思う。編集者ってのは、嫌いな人間ともつきあわなくちゃいけない仕事だからね。好きな人とつきあうのはいくらでもできるでしょ。それから、人間関係を広げておくのも大事だ。そうしたことは学生のうちからどんどん鍛えていくことができる筈だよ」

第2章 テーマを深めて次の時代へ

——現代メディアの中の出版

1　出版人気は高いが出版界は凋落している

就職人気の高さ

大学生の就職活動における出版界の人気は高い。たとえば岩波書店の例で言うと、毎年必ずしも採るわけではなく、数年に二、三人のペースで採用していたが、そこに二〇〇〇人近くの応募者があった。二〇〇六年度の出版界主要各社の新入社員数のデータから大手出版社の採用人数を見てみると、講談社で男女合わせて大卒二一人、集英社二一人、文藝春秋では九人、小学館で一三人、新潮社で八人。大手出版社でも多いところで二〇数人、ほとんどの会社は数人という程度だ。それなのに、どの会社にも多数の応募がある。

私自身が学生時代に出版社に応募したときも非常に高い倍率だったが、一体これはどういうことなのだろうか。

小説やドラマなどである種の「華やかな編集者像」というものが紹介されているのも一つの

原因だろうが、それだけではないように思う。というのは、私が出版社を受験した当時は、そのような編集者を題材にしたテレビ番組のようなものは少なかったし、むしろどちらかと言えば地味で、「インテリヤクザ」といった呼び方をされ、出版は水もの、編集者は水商売といったイメージの業界だった。それにもかかわらず以前から出版業界の就職人気が高かったのは、ある種のクリエイティブなイメージ、つまり文化の創造の場に立ち会うという魅力があるからだろう。

第１章で述べたように、「ある新しい価値を創造する」というのは非常に大きな喜びであるし、仕事の醍醐味もそのあたりにある。しかし、実際はドラマのように華やかな世界ではなくて、むしろ泥臭くて、手を汚す作業の多い世界だ。出版業界への学生人気には、ある種の幻想もあるのではないか。

最大の出版不況

現在の出版界は大変な状況になっている。これはもはや「構造不況」などというものではない。二〇〇六年度の『出版年鑑』による日本の出版統計を見ると、愕然とさせられるものがある。二〇〇五年の出版界の総売上は二兆二九二〇億九〇六四万円、つまり約二兆二九〇〇億円強。

出版界の売上は、九七年以来、七年連続前年割れが続いていたが、〇四年に微増してプラス成長になった。しかし、〇五年にはまたマイナス成長になった。長期的には出版界全体の売上が下がり続けているわけだ。現在、景気は「平成不況」を脱し、好況に転じているというが、出版界のような「零細」企業の多い「斜陽業界」にとってはあまり当てはまらないようだ。

このうち、書籍が三・五％減、雑誌が一・五％減。「二〇〇三年は出版界最悪の事態」と言われ、二〇〇四年の春先には各社とも大騒ぎをし、その後『ハリー・ポッター』（J・K・ローリング、松岡佑子訳、静山社）などのファンタジーブームによって一時の回復はしたものの、出版界の現状には厳しいものがある。売り上げが減っているからといって出版点数が減っているかというとそうではなくて、逆に新刊点数は増大している。『出版年鑑』によれば、二〇〇五年には約七万八〇〇〇点（前年七万七〇〇〇点）の新刊が出ている。新刊の数が増えているのに売上が減っているというのは、一点一点が売れなくなってきている、ということが一番大きな原因だろう。

二〇〇五年は『ハリー・ポッター』の刊行もなくミリオンセラーはなかったが、二〇〇六年には映画との連動で『ダ・ヴィンチ・コード』（ダン・ブラウン、越前敏弥訳、角川書店）が一〇〇〇万部を超えた売上になっている。『ハリポタ』もかつての勢いはない。その代わり、映画との連携で、『指輪物語』（J・R・R・トールキン、瀬田貞二・田中明子訳、評論社）、『ナルニア国物語』（C・S・ルイス、瀬田貞二訳、岩波書店）、『ゲド戦記』（アーシュラ・K・ル＝グウィン、清水真砂子訳、岩波書店）などのファンタジーがいいようだ。

また、ベストセラーが減っただけではなくて、岩波書店のような書籍系の出版では、三〇〇〇部から五〇〇〇部の堅実な本が非常に売れなくなってきている、というのが実感としてある。書籍文化、書籍の出版文化そのものが今、危機に瀕していると言えるのではないだろうか。

さらに雑誌で言うと、創刊誌の増加に対して休刊誌が減少している。これは一見良いことのように見えるが、雑誌の創刊ラッシュには、背後で各社が「広告収入」を狙って躍起になっているという構図がある。雑誌は、雑誌自体の売上と同時に広告記事で収入を得る、という構造になっているからだ。現状を裏返してみると、「雑誌そのものが売れなくなってきている」というわけだ。

その他、出版界の現状を『出版年鑑』からざっと見てみると、現在、国内の出版社数は四二二九社となっている。これは一九八〇年代以降、だいたい四〇〇〇社から四六〇〇社の間で推移している。

そのうち、一九四四年以前の創業、つまり戦前からやっている出版社は四〇四社で、一割以下だ。出版は、「水もの」と言われるように、それだけ生き延びていくのが難しい業界であって、戦前から続いている出版社が一割に満たない、というのはそうした状況を反映している。

また、資本金で見ると一億円以上の会社が二五三社もあるが、おそらくこれはほとんどが他業種の出版社だ。専門の出版社ではなく、さまざまな業界から出版界に参入しているところが多い。本当の意味での出版社になると、資本金では五〇〇〇万円から一〇〇〇〇万円程度のところが一番多くて、言ってみれば「零細」企業だということになる。

また従業員数も一〇名以下のところが二二〇四社で全体の過半数、つまりほとんどが一〇名以下の会社で、資本金も数百万円。そして出版社全体の八〇％が東京に集中している。典型的な、東京によくある中小企業像がここから浮かび上がってくるだろう。出版社の現状というのはこういったものだ。

ごく一部の大手出版社の華やかな編集者像がテレビやコミック等で紹介されるが、実情は決してそのような華やかな甘いものではなくて、このように零細企業に支えられた、泥臭く手作業の多いのが現実の業界であるということが、こうしたデータからもわかるだろう。

規模の面から出版社を見てみると、大手出版社は総合出版社としていろいろなジャンルを扱い、待遇面などは良い会社が多いが、社員は希望の部署に配属されるとは限らない。中堅出版社は、社の個性を際立たせる出版物が多く、専門性が高い。また数人規模の小さな会社は、志を高くもつ会社か一発当てようという山っ気の多い会社が多い。

就職人気が高いとは言いながら、実情はこのようなものだということを、きちんと認識すべきだ。しかし、その反面で、どんなに小さな出版社でも、逆に小さければ小さいほど、その編集者の裁量、責任は大きくなってくる。出版社の規模にかかわらず、小さな出版社でも大きな仕事はできるので、むしろ大きな会社で組織の歯車になっていく編集者よりも、小さな出版社で自分の仕事をきっちりとやっていく、その方が創造への可能性は非常に大きい。そうした道を選択することも、やりがいのあることだと言える。

2　インターネット、テレビ、新聞、そして出版

事件への対応をめぐって

ある事件が起きたとする。その情報を一番早く伝えるのは、現在はインターネットだと思わ

れる。必ずしも専門の人間は必要とせず、情報を得た人がすぐに発信することができる。ホームページで発信することもあれば、メールで知り合いに送っていくということもあるだろう。ただし情報の精度は低い。偏った私観や誤報、ねつ造も多い。

次に速いのがテレビ、ラジオなどの放送メディアだ。現場に記者が駆けつけて、すぐに中継で流す。インターネットを除けば一番早く放送することが可能だ。同時に、ある程度正確に事件、状況を把握できる。

三番目は新聞。新聞になるとだいぶ速報性は薄れてくる。基本的には朝夕刊の出る朝と夕方で、たまに号外が出るにせよ、ある種のタイムラグが出てくる。同時に、記者が原稿を書く、活字にする、という作業が入るために、遅いことは遅いが、正確に書こう、という記者の意識が入るために精度は高まってくる。さらに記者による事件の評価も加わってくる。そういう意味では、新聞はややスピードは落ちるが、情報の精度は高いメディアだと言えるだろう。

最後に出版、ということになるが、出版はスピードの面ではほとんど勝負にならない。たとえば、週刊誌、月刊誌、書籍というふうに分けた場合、週刊誌ならどんなに速くても一週間程度かかるし、月刊誌なら一カ月、まして書籍となれば数カ月、数年単位で先になってしまうので、スピードでは全く勝負にならないが、むしろそれに代わって、ある出来事、ある事件に対するきちんとした論評、評価についてはより正確になる。むしろ、単なる事実関係の把握を超えて、それに対する論評をきちんと展開できるというのが出版の役割と捉えることができる。「ジャーナリズムの使命」という観点からも同じことが言える。出版ジャーナリズムというものは、ある事件に対してきちんとした評価を下すのが使命だ。これは編集者の基本的精神として挙げた中の「批判精神」に当たる。まさにそれを反映するものが出版ジャーナリズムなのである。

新しいメディアとしてのインターネット

インターネット、あるいはブログについて付け加えておこう。インターネットの特徴というものは三つある。

一つは今述べた「速報性」。二番目に「双方向性」、これはお互いに情報のやりとりができるということ。そして三番目には、非常に「個人的（パーソナル）」なものであるということ。全くの個人的な事柄が世界に向けて発信される。最近では『電車男』（中野独人、新潮社）のヒットなどは、そうしたインターネット発の特徴をよく生かした本であろう。

インターネットは、今や新しいメディアとして非常に重要になってきているが、実情で言うとまだきわめて不安定なメディアである。どういう観点からそれが言えるかというと、やはり信頼性と安全性の問題だろう。インターネットに対しては、「責任」の所在がはっきりしないという問題が一番大きな問題としてある。また、たとえば差別表現などに関しても非常に深刻な問題を引き起こしている。

インターネットというメディアはきわめて二一世紀的なメディアだが、そういった問題点を抱えていることを認識する必要がある。新聞、テレビ・ラジオ、出版といった、ある程度歴史をもったメディアに比べて、まだまだ歴史が浅いだけに、クリアすべき課題が非常に多いと思われる。

3　編集者にとっての雑誌と書籍

出版社の二つのタイプ

現代メディアの中での出版の位置付けについて述べてきたが、それでは出版そのものの中には、どのような構造を見ることができるだろうか。

出版は大きく分けて二つに分けられる。雑誌と書籍だ。これは出版の二大ジャンルと言ってよい。出版社にも大別して雑誌系の出版社と書籍系の出版社とがある。

たとえば雑誌から起こった出版社というと文藝春秋が挙げられる。何と言っても、文藝春秋の基本的な柱は『文藝春秋』という雑誌であり、それに次いで文芸誌では『文學界』、週刊誌では『週刊文春』、オピニオン誌では『諸君！』、スポーツ誌に『Number』、ファッション誌に『クレア』などがある。もちろん書籍も出しているが、基本的にはさまざまな雑誌の展開によって出版社としての役割を果たしていくタイプだ。ほかに大手で言うと、中央公論新社なども雑誌系の出版社と言えるだろう。やはり『中央公論』という雑誌を柱にしている。あるいはマガジンハウス。これは社名からして雑誌系である。

これに対して、書籍系の出版社とは、たとえば岩波書店が代表的だが、あくまでも書籍を中心にしながら展開する出版社だ。どちらかと言えば比較的「堅め」というイメージで捉えられる。ほかには、白水社、みすず書房、あるいはこの本の版元の千倉書房などもそうだ。

もう一つ、いわゆる「総合出版社」というのがあって、これはたとえば、講談社や集英社などのように、書籍も雑誌も何でもやるという、デパートのような展開をしている。しかし、これはむしろ例外的なものと捉えた方がよく、基本的には出版社ごとに雑誌系、書籍系という枠組みがあると考えた方が、出版界をよく把握できるだろう。

雑誌の基本は運動

その上で、まず最初に「雑誌」とは何かを考えてみたい。

雑誌の基本的な性格は「運動」にある。では「運動」とは何だろうか。それは、ある考え方や主張をさまざまな角度から展開し、それを時代のうねりとなるように問題提起していく。そうした「時代に対する運動」「時代を動かすムーヴメント」として働くのが雑誌というメディアだ。

それを、特集、小特集などの記事を通じて問題提起したり、あるいは連載記事でその運動を継続していく。時代の状況をきわめてよく反映すると同時に、その時代の状況を捉えた上で、そこから新しい価値を創造していくような運動、そういうものを雑誌編集者は常に意識している。とりわけ編集長が特集を組む、小特集を組むというときは、必ず新しい運動を起こしていこうということを考えているのだと思ってほしい。それがないと雑誌は命を失う。その運動が時代と合わなくなったときには雑誌は幕を閉じることになるだろう。

その意味では、雑誌というものは必ずしも永遠に続くものではなくて、一定期間出した後に終わる、というのも雑誌というメディアの特徴と言えるだろう。一定の期間を決めて発行される雑誌の例は非常に多く、最近では赤坂憲雄氏が創刊した『東北学』という雑誌は、最初から一〇号までと決めて、新しい学問的な運動を行なった後に、出版社を変えて、第二期として刊行を始めた。それから、『批評空間』という雑誌も一定期間限定の刊行だった。雑誌に時々見られる「第Ⅰ期」「第Ⅱ期」といった表現が、それを示している。

雑誌はときに出版社を超えていくことも多々ある。ある雑誌がA社でしばらく刊行され、一定期間を経て、次はB社で展開される。『東北学』『批評空間』『現代の理論』などはその典型的な例だ。最近でも『現代の理論』が長い断絶の後に別の出版社から再刊された。専門雑誌でも同様の例はあって、青木書店発行の『歴史学研究』という雑誌も、かつては岩波書店で出していた。

そういうふうに、出版社を超えて、雑誌が一つの運動体として動いていくことを理解することで、雑誌というものの性質、運動というものの意味がよくわかると思う。

雑誌には性格がある

今述べたことから「雑誌には性格がある」ということもわかる。性格がないと運動として展開するわけにはいかない。だから必ず、雑誌には雑誌ごとに明確な性格があると思ってほしい。たとえば、岩波書店には『世界』という雑誌があるが、これは戦後創刊した雑誌で、戦前のファシズムや軍国主義の反省に立って「戦後民主主義」というものをいかに広めていくか、という理念で始まった。その性格を展開するために、さまざまな、こういう言い方はもう死語に近いかもしれないが「進歩的知識人」と呼ばれる革新的な論者を結集し、平和と民主主義の実現のために運動を発展させていった。そういったオピニオン雑誌と同時に、『思想』『文学』『科学』といった雑誌がある。これらは、それぞれの専門分野の、かなり学術的なものを軸にした論考を集めていくタイプの雑誌だ。

また、堅いものばかりではなくて、マガジンハウスの『an an』のようなファッション雑誌は、若者の文化など特定のテーマをきっちりと展開し、問題提起していくタイプの雑誌である。ファッション雑誌には、最新のファッションを「創っていく」だけでなく「セックスで美しくなる」というような身体性まで視野に入れて、ファッションというものを捉えようと訴えている。

情報誌『ぴあ』は一九七二年の創刊だが、それまでになかった、「情報」というものが価値をもつ、という考えを新しく打ち出した運動として特徴づけられるだろう。最近のものでは、『谷中・根津・千駄木（谷根千）』という雑誌がある。これは東京の下町、谷中・根津・千駄木あたりという非常に小さな界隈の地域情報誌だが、その小さな地域の情報誌が、きわめて広い多くの読者を集めている。あるいは『サッカーマガジン』や『Number』などのスポーツ雑誌も、スポーツ・ジャーナリズムというものを形作っていくという性格がはっきりある。

このように雑誌には、それぞれに性格というものが明確にあるということをふまえて、ある新しい時代の価値を生み出していくということがある。

『とらばーゆ』というリクルートの雑誌がある。創刊は一九八〇年代で、学生向けのアルバイト情報が価値をもち始めた時代だ。男女雇用機会均等法など、女性の社会進出ということがキーワードになっていく時代に、女性向けの転職情報誌を出したというのは非常に興味深いことで、一つの時代の価値を創ったのだと言える。

しかも、そういう時代の動きを『とらばーゆ』という雑誌が後押しすることによって、女性の転職に対する後ろめたさが軽減され、女性の就職、転職が当たり前とされるようになった。振り返って八〇年代までは、結婚した女性が働き続ける環境というのは厳しかった。そこに『とらばーゆ』という雑誌ができて、女性が働くことの価値観、より良い仕事を求めて転職するという価値観を提供したことによって、さらに新しい社会へ変わっていく。

その雑誌を大きく展開した松永真理編集長の力というのは大きなものだった。そういった時代を動かす能力があったからこそ、松永真理さんはNTTドコモに移ってからもｉモードを産み出すことができたのだ。そういうふうに時代の空気を読んで、一歩先取りしながら雑誌の中の運動として展開していく。まさしく『とらばーゆ』は、雑誌の「運動体」としての側面がよく出ている例である。

書籍は文化遺産

このような雑誌の特徴に対して、書籍ではどのようなことが言えるのだろうか。書籍は、基本的には「保存に耐えるもの」でなければならない。本として編むことによって、時代を超えて残していくもの、「文化遺産」として次の時代に残していくもの、というのが基本的な性格だ。今につながる出版の原点と言われているのは、一五世紀のグーテンベルグの聖書である。この本によって活字文化が始まったとされる。それが聖書であったということが典型的であるように、ある時代を超えて、数百年経っても残っていくものが書籍出版である。

東洋の例では、中国の木簡本なら唐代、竹簡本で言うと春秋戦国時代から残っているから、二〇〇〇年以上の歴史がある。日本では木簡なら七世紀（飛鳥時代）から残っているものがある。あるいは日本最初の出版と言われる法隆寺の『百万塔陀羅尼』という経典がある。これは木版印刷された経典が小さな塔の中に収められているものだが、称徳天皇の時代だから八世紀からある。これらは極端な例だが、一〇〇〇年、二〇〇〇年の時代を超えて残っていくもの、そういったものが書籍としての原点であろう。

したがって、書籍編集においては、ある運動を創るという側面ももちろんあるが、その運動を定着させて次の時代に残していく、文化遺産としての価値が重要になってくる。

そうして残ってきたものを、集積する場として図書館があるが、「図書館」という場所は人類の知的遺産としては非常に重要なものだろう。だから、編集者には、どのような図書館作りをしていくかを意識する、どんな本のラインアップを後世に残していくかということを考える喜びもあるのではないだろうか。

一例を紹介すると、東京都文京区の本駒込に「東洋文庫」という図書館がある。これは東洋学関係の貴重な書物を集めていて、三菱財閥を創った岩崎家が集めた蔵書を基に図書館にしたものだ。私は東洋史学科の出身なので、学生の時や岩波書店に入ってからの見学で訪れたことがあるが、「ものすごい本」を見ることができた。

たとえば一〇世紀に作られたコーラン、あるいはチベット文書、牛の皮にかかれた文書など、そういったものを実際に見ていると、歴史を超えて残っていく価値の重さというものに圧倒される思いがして、編集者としては非常に刺激を受けた。自分の作っている「本」というものが、このように歴史を超えて残っている現場を見ると、非常に大きな衝撃を受けるものだ。

編集者、あるいは本のもつ文化的な価値に興味をもっている人が、「東洋文庫」やその他の歴史ある図書館の見学に参加することは、非常に意義のあることだろう。実際、一〇世紀の本を自らの手に取って見ることができるという興奮は、なかなか大きなものがある。

書籍は一つの価値を時代につなげる

このように、一つの価値を作り出し次の時代につなぐこと、歴史を超えて存在していく書物を作りあげていくこと、それが書籍編集の根幹であるが、もう一つ、書籍が雑誌と大きく違う点がある。

雑誌は特集・小特集を通じて、さまざまな角度からある考え方や主張を展開していくように著者を集めて編集していくわけだが、書籍の場合は基本的に一人の著者が一冊を書く。しかもある程度まとまった分量になる。そこから考えると、書籍は雑誌と異なり、じっくりと深く一つの問題について追求する、ということがもう一つの特徴だ。

本は、四〇〇字の原稿用紙に換算すれば最低でも二〇〇枚くらいの分量がある。たとえば、岩波新書なら平均二〇〇枚から二五〇枚くらい。最近創刊した新潮新書なら二〇〇枚を切るかどうか、というところだろう。ハードカバーならたいてい三〇〇枚から四〇〇枚くらいが標準。もっと分厚い本はいくらでもあるので、やはりそれだけの主張や考えを、幅広くではなく、「深く」追求する。そういうことが書籍のもう一つの特徴だろう。

そのように深く考え、深く追求するからこそ、歴史に残る古典となり、時代を超えて保存されていくのだと考えることもできるのである。書籍編集の大切なポイントというのは「深く追求すること」、そして「次の時代に残すということを意識すること」と言えるのではないか。

4　権力と闘った日本の出版

古代から江戸時代まで

日本の出版というものは奈良時代に始まると言われている。法隆寺の『百万塔陀羅尼』、これが日本の出版史の原点と言われている。だが、これは単に「印刷されたもの」としての出版物であって、本当の意味での、商品としての出版物ではない。前に述べたような、商品的価値というものを考え合わせていくと、やはり江戸時代を日本の出版活動の始まりと捉えるべきだ。

江戸時代には、よく知られているようにさまざまな出版物が作られた。たとえば黄表紙や読本《よみほん》という山東京伝や滝沢馬琴など有名な戯作者たちが書いた読み物から、浮世絵のような絵画まである。浮世絵もやはり出版物と捉えるべきだろう。絵師や彫り師、刷り師などを組織し、作品を流通させる蔦屋《つたや》重三郎のような出版人がいた。彼こそ今に通じる典型的な編集者の嚆矢《こうし》だろう。

また江戸時代は出版物が流通したと同時に、検閲など出版と権力の関係が明らかになった時期でもあった。山東京伝は、ベストセラーを出すものの、寛政の改革で風俗を紊乱《びんらん》するということで幕府によって出版を禁じられ、手鎖五〇日の刑を受けた。これは権力の側も出版の危険性を認識していたからであって、つまり出版と権力との緊張関係が生じていたということになる。版元の蔦屋重三郎も、身代を半分没収されるといった処罰を受けているが、それも近代的な出版と権力の問題を先取りすると捉えてもいいかもしれない。

浮世絵などでは絵画を通じた権力批判が起こっている。たとえば幕末期に将軍を風刺した絵――多くは歴史上の人物、出来事に仮託したもの――が現れる。そのように出版において批判精神というものが現れているという点も、江戸時代に原点を見ることができるだろう。

近代出版と言論統制

明治維新以後、近代的な出版事業が起き、言論の自由化が進むと思われたが、実は法のもとにさまざまな言論統制が行なわれた。明治政府はあらゆる手段で言論のコントロールをしようとし、反対意見の封殺に努めたのである。中でも出版条例と出版法は悪名高い。アジア・太平洋戦争の敗戦に至るまでは、出版は厳しい統制下にあり、言論の自由も著しく制限を受けていた。とりわけ検閲においては、「国体」の護持に関する表現はきわめて敏感で、「革命」や「社会主義」、「共産主義」の言葉などは、伏字にされた。

戦後になって、現憲法が施行された後も、実は検閲は続いていた。それはGHQによる検閲である。敗戦後の占領下では、GHQがプレス・コードやラジオ・コード等に基づいて検閲を実施した。プレス・コードとは、GHQが公布した覚書である。一〇項目からなり、言論の真実性と宣伝の払拭を指導する一方で、「直接たると間接たるとを問わず、公共安寧を紊すような事項を掲載してはならぬ」「連合国に対し虚偽または破壊的批判をしてはならぬ」といった統制的側面もあわせもっていた。このように占領下の言論政策は二重性を帯びていたのである。

新聞の検閲は、四九年一〇月にようやく廃止され、ラジオの検閲は占領終了まで続いた。そして現在でも表現の自由には制約が残っているのだ。

出版の歴史は、何よりも権力との戦いの歴史であったことを忘れてはならない。

出版事業の始まりと近代的出版社の登場

ここで鷲尾賢也氏の『編集とはどのような仕事なのか』などによりながら、近代以降の出版史をたどってみよう。

明治になると近代的な出版業が起こる。まず、文部省が明治維新の出版事業を企てたという。東大史料編纂所の前身が、国家事業として出版を推し進めていく。そのように、いわば文部省や帝国大学といった官制の出版というものが始まったのが明治維新期である。

その一方で、近代的な出版社も出現する。たとえば、博文館、三省堂、あるいは実業之日本社、春陽堂などが明治の初期に出現する。これらの出版社は現在も残っているから、近代的出版の萌芽というのは、やはり明治維新後すぐに出てきていると言える。ここには時代に対する嗅覚の鋭敏さというものもうかがえる。

明治を代表する編集者の名前を挙げておこう。『萬朝報《よろずちょうほう》』を創刊した黒岩涙香《るいこう》、『国民之友』

を創刊した徳富蘇峰、反骨のジャーナリスト・宮武外骨《がいこつ》、社会主義者・堺利彦などがいる。

大正デモクラシーの頃

ついで明治末から大正初期には、講談社が一九〇九（明治四二）年に開業、岩波書店が一九一三（大正二）年に登場する。このように、ちょうど明治の終わりから大正の初めにかけて出版台頭の第二期が始まったと言える。それは講談社と岩波書店という現代に続く典型的な出版社、娯楽系の総合出版社と学術系の専門出版社という二大出版社が創業した、ということでもある。

その背景として鷲尾氏は「大衆の登場」ということを指摘している。出版社が起きるということは、「読者」がいるということだという。これは確かにその通りだ。日清日露戦争の後、教育制度改革があって識字率が急激に上がり、文字を読める人が増えたことによって、読書人口が増大した。たとえば、朝日新聞で夏目漱石が小説の連載を始めたことで、朝日新聞の読者が増える、といったように「読者の姿」がはっきりと捉えられるようになってきたのがこの時期だ。

もう一つ、この時期には家庭に電気が普及して、夜を余暇時間として使えるようになってきた。その結果、娯楽としての読書をする人が増えた。これも重要な点で、読む人間と読む時間とが増えて、出版市場の増大につながったということができる。夜の時間が文化に影響を与える先駆例として、江戸時代に遊郭の文化が発展したのは、ろうそくの生産量が増え、夜が明るくなったからだという。読書も、一日の最後に、灯火の下で行なわれる作業なのであった。

さて、大正デモクラシーの風潮もあってか、この時期の編集者には錚々たる面々がいる。講談社の野間清治、岩波書店の岩波茂雄のほか、新潮社の佐藤義亮《ぎりょう》、平凡社の下中弥三郎などの創業者や、『婦人之友』を創刊した羽仁もと子、『青鞜』の平塚らいてう、『中央公論』の辣腕編集者・滝田樗陰《ちょいん》、児童文学では『赤い鳥』の鈴木三重吉などである。

大正デモクラシーの陰で、一九二三（大正一二）年、関東大震災後の混乱の中で、アナキストの大杉栄・伊藤野枝らが、甘粕大尉率いる憲兵隊に惨殺された。この時代、言論の自由が保証されていたわけではない。

大正末から昭和初期――出版物の普及

次の画期としては、大正の末から昭和初期。この時期に「マス・セール（低価格大量販売）」というものが始まる。この時代の重要な出版物として、講談社の『キング』という大衆雑誌が創刊されている。大正デモクラシーの時代精神の影響を受けて出版が普及し、「大衆雑誌」の時代が始まった。

もう一つの大きな問題は、一九二六（大正一五・昭和元）年に「円本ブーム」が始まったこと。円本とは、どんな本でも一冊一円、という形式で改造社が予約出版したものだが、これが非常によく売れて、大量宣伝・大量販売の嚆矢となった。しかもそれまでの本なら三、四冊になる内容を一冊に圧縮して「お得感」を出した。これがさらに大正期の読者人口を増やした。

いっぽう一九二七（昭和二）年には、岩波文庫が創刊されている。岩波文庫にも、古典の廉価版といった意味合いがあり、定番の古典を安い値段で届ける、という性格のものだった。ここには、円本や『キング』系がエンターテインメント系であったのに対して、「古典」を廉価で押し出していくという方向性があった。これらが大正から昭和にかけての転換点だ。

この時期の編集者としては『改造』を創刊した山本実彦《さねひこ》、『文藝春秋』を創刊した菊池寛、志の出版人・長谷川巳之吉を挙げておく。

戦中戦後の暗黒時代

このように、出版文化そのものが大きく転換した後に、日本はアジア・太平洋戦争に突入し、その結果、戦中・戦後の時代は紙やインクの統制、検閲など、出版にとって冬の時代を迎える。昭和初年から二〇年にかけては特に「暗黒時代」と捉えることができるだろう。出版が非常に制限を受け、出版社としても著者としても厳しい時代だった。小林多喜二が獄中で虐殺されたことや、横浜事件で多くの編集者が投獄され、獄死したのはその最たるものだ。当然編集者は、その時代に迎合するのかしないのか、厳しい選択を迫られた。

そうした時代、岩波茂雄は一九四二（昭和一七）年十一月三日に「回顧三〇年記念晩餐会」を開催した。会場は大東亜会館（現東京会館）で、岩波書店に縁の深い著者を約五〇〇人集め、盛大に挙行された。しかし、その同じ日に、政府の情宣局主催で「大東亜文學者大会」が同じ会場で開かれていた。時の政府が主催し、政府に同調する文化人を糾合した政治集会に対して、同じ日にさまざまな文化人を集めて批判的なメッセージを発したとも言いうるもので、「時代への批判精神」を貫いた例だ。あるいは古代史を実証的に研究し、岩波書店から『古事記及び日本書紀の研究』等を刊行した歴史学者・津田左右吉《そうきち》の発禁・起訴なども、戦前戦中の岩波書店の歴史の一齣である。非常に厳しい時代であっても、出版人は安易に時代に迎合してはならないということを、これらの事例から教わることができよう。

暗黒の時代と戦った編集者たちとして、たとえば横浜事件に連座した小林勇（岩波書店）、水島治雄（改造社）、美作《みまさか》太郎（日本評論社）、小森田一記（中央公論社）、畑中繁雄（中央公論社）などを挙げておこう。

戦後の飢渇から高度成長へ

とは言え、そうした暗黒時代があったからこそ、戦後に「岩波文庫を岩波書店のまわりを行列して買う」といったような時代がくるわけだが、そうした活字への飢渇が戦中戦後を通じてあった。そのため、戦後は出版物が渇望されていて、出したそばから何でも売れるという時期があった。その傾向が加速していくのは、一九六〇年代から始まる高度成長期だと言える。おそらく、「出版社が儲かる」というのはこの時期の印象が相当大きいのではないか。週刊誌が続々と創刊され、あるいは平凡社をはじめ各社の百科事典がどんどん売れ、大きな文学全集が次々と刊行される。岩波書店でも、この時期に出した岩波講座「日本歴史」という本は一〇万部超の売れ行きを示すなど、現在の状況から考えれば信じられないような時代だった。

出版というものは、元手がいらないうまい商売だとも考えられた。工場等の設備投資がいらない、編集者が一人いて電話が一本あれば、著者との話がまとまって、あとは印刷所、製本所を通して本を作ればどんどん売れていく、という一種の神話だが、それが実現されていくような良い時代であったとも言える。

しかしその一方で、六〇年代に起きた重要な事件として「風流夢譚事件」というものがある。出版史において忘れてはならない事件であり、これは表現の自由の問題とも関わってくる。深沢七郎が『中央公論』に「風流夢譚」という小説を載せた。その中に、革命が起こって天皇の首がコロコロと転がるといった描写があり、それに抗議した右翼団体員が、当時の中央公論社長の嶋中家に押し入り、社長が留守だったためお手伝いさんを殺害する、という事件が起きた。この「風流夢譚」はその後単行本化されることもなく、「幻の作品」と化してしまったが、やはり戦後出版史の中では大きな事件であった。またこれは、「出版」というものが、ある社会的な影響力をもっていることの一例であるとも言えよう。

戦後になるといろいろな意味で大編集者の時代を迎える。名前だけ列挙すると、初代『世界』編集長・吉野源三郎、『世界大百科事典』の林達夫、ジャーナリスト・大宅《おおや》壮一、雑誌記者・池島信平、フォトジャーナリスト・名取洋之助、『暮らしの手帖』の花森安治、文芸編集者・坂本一亀《かずき》などなど多士済々である。

コミックの隆盛から出版大崩壊へ

次の画期は八〇年代である。ここで出版界の構造が変わる現象が起きる。それが「コミック」の登場だ。それまでももちろんコミックがなかったわけではなく、手塚治虫をはじめ貸本漫画までいろいろとあったが、八〇年代以降、急激にコミックが出版界において優勢になった。

たとえば、集英社の『少年ジャンプ』が六〇〇万部を超えるという大事件、これは一種の社会現象として新聞などにも取り上げられたが、印刷所、製本所がほとんど『少年ジャンプ』で独占される、そういう時代があった。あるいは、講談社、小学館などコミック部門をもっている出版社は、コミックからの収入でどんどんビルが建つという時代だった。

小学館の今の本社ビルは『オバケのＱ太郎』の儲けで建ったから「オバＱビル」、その後建てたもう一つのビルは、『ドラえもん』の儲けで建ったから「ドラえもんビル」と言われているらしい。現在はコミックが売れなくなってきて、各社とも経営が厳しくなってきたが、大手出版社の経営はほとんどコミックが支えていた、と言われる時代があった。

しかし、九〇年代、さらに二〇〇〇年代に入って、出版界は深刻な不況に陥っている。これは前にも述べたことだが、売り上げ面でも非常に厳しく、特に大手コミック系出版社はコミックが売れなくなって、ますます厳しくなってきている。

さらにインターネットや携帯電話の普及によって、メディアが進化、多様化し、必ずしも「出版物」が必要とされなくなってきていることで、雑誌は軒並み部数を落としている。週刊誌、情報誌もそうなっている。最近よく問題になるのは、コンビニなどで情報誌の必要な記事だけを携帯電話のカメラ機能で撮影して、買わずに済ませてしまう。そういう時代が来ていて、ますます情報誌などは厳しいだろう。こうした一連の危機的状況を、出版評論家の小林一博氏は、「出版大崩壊」の時代と名付けている。

またイラク戦争をめぐっては、さまざまな報道規制をジャーナリストが受け入れた現実がある。これも出版ジャーナリズムを支える言論の自由の危機をあらわしている。

価値観の多様化も関係している。かつては一〇〇万部売れるということは一〇〇万人に共有される価値観というものがあったわけだが、今はそういうものがなくなってきている。また個人発信のブログが、ネット上のコミュニケーション形成の場となっている。価値観が分化している分だけ、出版物も分化せざるを得ない。そういった時代になってきているので、ますます多様な出版物、出版形態というものが展開していくだろう、というのがこの先二〇〇〇年代、あるいは二一世紀の行方であろう。

カワカミセンセイの授業から 2

人間関係を広げるには?

――先生は、普段の授業の時でも、人間関係、自分のネットワークを作ることの重要性をおっしゃってますが、具体的に『嫌いな人ともつきあう』練習というか、訓練はどうやったらいいですか? 私は、いろいろな掲示板を使って、まだ会ったことのない人たちと、意見を闘わせることもあるのですが。

「そういう電脳空間でもいいけど、やっぱり、生身の人間と生身のおつきあいをすることが大事だよね」

――アルバイトに出てみるとか?

「アルバイトでもサークルでもいいのだけど、一つの関係を作ったら、それをきっかけにして次につなげていくってことだよね。『意識的に』作っていく、っていうのが、トレーニングだと思うな」

――今の私たちの日常生活からもう、人間関係のレッスンって始まっているということなんですね。

「そう、スポーツの試合みたいだね」

――それが就職活動にもなるのかな…。

「いや、今から就職を意識して広げるというよりは、自分の興味をもてる範囲をどれだけ、広くもてるかってことだよね。そして、どれだけ深く掘り下げることができるか。逆に自分の趣味が豊かであれば、それだけ人のつながりは広がっていく。そして…、つかんだ相手は逃がさない！」

――どうやって逃がさないようにするんですか？（笑）

「これはと思った相手はゼッタイに、逃がさない（笑）。その気持ちをもってつきあっていると、相手はわかると思うよ」

――誰をキーパーソンと捉えるかの、勘所ってありますか？ 自分で今、考えてみても、誰が自分にとってのキーパーソンになるか、わからないです。

「キーパーソンを見つける…のではなく、自分が作り上げてみるんだよ。自分で『この人はキーパーソンだ』と決めて、そのように付き合うことによってその人が君のキーパーソンになるんだ」

――ふーん…。話しをもどしてしまうようですが、キーパーソンって何ですか？

「局面、局面で自分の世界を広げてくれる人だ。ハブ空港のように、そこに人がいると、またその人から路線があっちこっちにのびていく人だよ」

――そうなんですね。そういう考え方がわかると、普段の生活も楽しくなる気がします！

第3章

編集者のＤＮＡ

——受けつがれる理念

1　企画をどう立てるか――アクチュアリティが原点

最大の難関

企画というのは、編集者にとっては基本中の基本の仕事なのだが、しかし同時に最大の難関でもある。私自身、新入社員のときには、一年以内に企画を立てられれば立派なものだと周りの人たちから言われた。そこで何とかしようと、知り合った著者にいろいろお願いして、やっと十ヵ月目頃に初めて編集会議を通過する企画ができた。それはマーティン・ジェイというアメリカの哲学者が書いた『アドルノ』という本の翻訳だった。訳者の木田元さんが紹介してくれた企画であったが、おそらく四、五回は会議にかけていたのではないかと思う。もともと哲学に詳しくなかった上に、英語の苦労もあって、本の内容説明や著者の紹介では、今思い出しても恥ずかしくなるようなプレゼンテーションだった。

今では会議でこれほどボコボコにすることは少なくなっているが、それでもある程度コンスタントに企画を出せるまでには、三年から五年はかかるだろう。

よく新人の編集者から、どうやって企画を立てるのかと聞かれるが、はっきり言って、特効薬はない。端的に言えば、その編集者の全人格が反映するとしか言いようがない。しかし、そう言ってしまうと身も蓋もないので、具体的な手がかりになるようなことを、ここでは考えてみたい。

この項目のサブタイトルに、「アクチュアリティが原点」と書いたが、これは繰り返し述べていることと重なる。時代に対して批判精神をもつこと。その時代に何が必要とされているかを見極めること。そして、この先何が重要になるかをしっかりと見据えること。いわばそういうことを総称してアクチュアリティが原点と言っているわけだが、それが一番基本中の基本であると同時に、最後までそれが難しい点である。

アクチュアリティの方向性

具体的にアクチュアリティとしてはどういうことが考えられるのか。大雑把に言って、今の書籍というものは三つの性格に分類できる。

まず一つが学術書。これは学問業績をきっちりとして本にまとめたもの。

次に一般書と言われる本。これは学者に限らずいろいろな著者、各界のさまざまな著者によるもの。もちろん、広い意味での文芸書などもここに入ってくる。

それから三番目に、娯楽・実用書がある。これはいわゆるエンターテインメントで、コミックなども入ってくるし、あるいはさまざまな実用書や一部の文芸書などもここに入れることができる。

こうした学術書、一般書、娯楽・実用書、どれを通じてもアクチュアリティという問題は重要になってくる。よく学術書などは、時代と関係なく普遍的なテーマを追求しているではないか、という言い方をされるのだが、必ずしもそうではない。学術書もその時代時代の影響を受けるし、その時代時代に必要とされている学術書というのが当然あるわけだ。たとえば、戦後日本の思想の流れを追いかけてみても、まず戦前は弾圧されて表立って研究できなかったマルクス主義が、学問の、とりわけ人文系の学問の重要な理論的中心として君臨したと言っていい時代があった。しかし、その後マルクス主義に対する批判が生じて、レヴィ・ストロースなどの文化人類学者によって提唱される構造主義が湧き起こってきた。さらにバブルの頃の浮かれた雰囲気と軽やかな思想性がマッチしたポストモダンと言われているような一連の思想群が出てくるのが八〇~九〇年代だった。そして、九〇年代の後半頃から二一世紀にかけて今流行っているのが、植民地主義を批判し、支配された側からの視点で問題を暴くポストコロニアル、さまざまの文化現象の記述を試みるカルチュラル・スタディーズと言われるような学問だ。

このように、マルクス主義、構造主義、ポストモダン、カルチュラル・スタディーズという流れだけを見ても、学問においても時代の要請があったというふうに考えていい。マルクス主義が流行った理由としては、戦前の国家主義的な学問に対する自己批判があり、構造主義はマルクス主義の進歩史観に対する批判から始まっているわけだし、ポストモダンは、近代への再批判という世界的な流行と言える思想状況の流れがあった。カルチュラル・スタディーズで言えば、欧米を中心とした植民地主義に対する、アジア、アフリカ等からの批判の目が向いていったという時代性を、当然反映している。

自然科学にしても、物理学や化学、あるいは工学系の基本的な書物から、今では分子生物学であるとか情報工学であるとか、その時代時代に必要とされているものが主流になっているし、その学問状況を受けて当然それに関わる出版の状況も変わってきている。

編集者にはその時代とその学問をつなぐ媒介者として、いま学問において何が必要かということを見極めることが当然重要となってくるわけだ。そういう意味で、学術書であってもアクチュアリティが必要なのである。現代的関心というものを背景として学者と議論する、あるいは学者の議論を現代社会に反映する、そういった媒介者としての編集者の役割は、きわめて重要になっている。

時代の関心の一歩先

一般書、あるいは娯楽・実用書においては、アクチュアリティが必要なのは言うまでもない。しかし、今流行っていることを必ず取り上げる、というふうに捉えると、それは違う。より重要なのは、時代の関心の一歩先を見据えることができるかどうか、まさにそこに編集者としてのセンス、あるいは能力といったものが出てくる。時流に乗ることは楽だが、時代をリードしていくということは結構大変だ。

「柳の下にいつも泥鰌《どじょう》はいない」と言うけれども、出版の世界では三匹くらいまでは泥鰌がいると言われている。一つヒットしたテーマは、その先三冊目くらいまでは間違いなくヒットしていく。楽をして儲けるには、柳の下の泥鰌を三匹くらいまで追っかけるのはいいと思うのだが、しかし編集者としてのやりがいとか仕事の意味とかを考えた場合には、最初の一匹をつかむような企画をぜひ立てたい。その場合にはやはり、時代の先を一歩先を見据えているかどうか、そこに対する感受性を日頃磨いているかどうか、そういう基本的なセンスを磨く努力をしていかどうかが、重要な分かれ道になってくる。

かつてマガジンハウスの編集者と話していたとき、とにかく給料は高く出すから青山の一等地に住め、と社長から言われたという。現代若者文化の最前線を、身体ごと経験する必要性を強調されたのだ。それは極端な例だとしても、最低限のこととして、暇があれば本屋を覗くこと、映画、演劇、展覧会などにはまめに顔を出すこと、異文化経験のための旅行などは、意識的にしておくべきだろう。

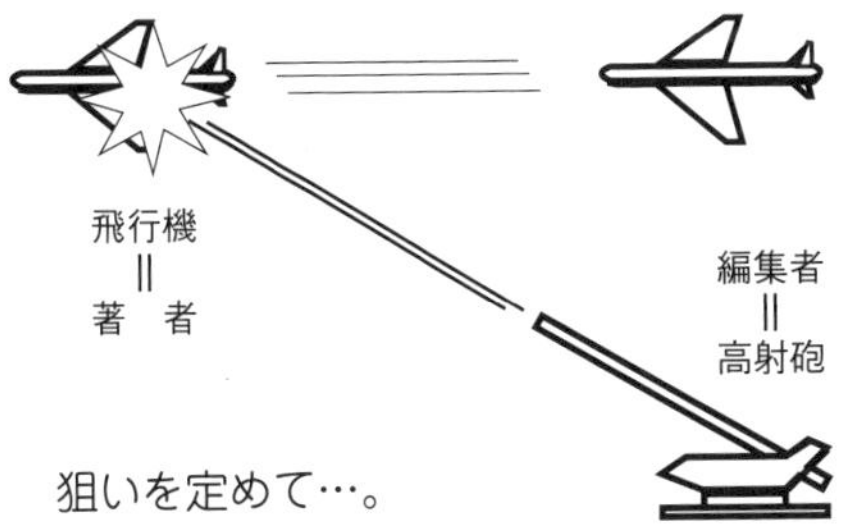

編集企画高射砲説

私が岩波書店に入社したときの上司で、後に社長になった大塚信一という人がいる。大塚さんは、岩波書店では長らく新書や思想書の編集をし、その後単行本の責任者として「文化の現在」というシリーズなどを編集した後、雑誌『へるめす』を創刊した。彼が、新入社員の私に、編集の企画というのは高射砲のようなものだ、という「編集企画高射砲説」を教示してくれた。印象に残っているので紹介しよう。

まず著者を飛行機になぞらえる。著者はある問題に関心をもって、飛行機が飛ぶように、ある地点からある地点へ向けて考えが進んでいく。編集者と著者には、一体となって議論をしたり話をしている現在があるわけだが、しかし企画というのは今の著者の関心にとらわれるのではなくて、ちょうど高射砲が飛行機の進路に狙いを定めるように、現在の関心の、その先を狙う。そこに企画というものの焦点が存在している。つまり編集者は、著者の現在に向かうのではなくて、著者の関心の先を見据え、そこに狙いを定めて著者に問題を提起し働きかけるべきだ、と言うわけである。

こういった意識で、現在を見るのではなくて著者の関心の一歩先をつかまえる。そうすることによって企画というものをつかむことができるのである。

企画の三角形

先述の鷲尾賢也氏は、「企画の三角形」ということを言っている。これはもう少し現実的な話だ。

企画というのは、価値と実現性と採算とをそれぞれ三角形の頂点として、その三つのバランスを考えなければいけない。

まず一つの頂点は、価値があるかないか。企画が成り立つには、それを成すだけの意味がなければ成り立たない、その価値がまず大事である。これは十分理解してもらえると思う。

次に企画というのは、実現しなければ話にならない。どんなに優れた企画であっても、机上の空論ではこれは現実の編集企画にはならない。それが実現するということがあって、初めて企画というものは企画として成立する。

三番目に、企画には採算性が重要である。どんな優れた企画でも、売れなければ、読者がいなければ話にならない。ある程度の売れ行き、現実的な採算点というものをクリアした企画でなければ、企画としては成立しないわけだ。

企画の三角形

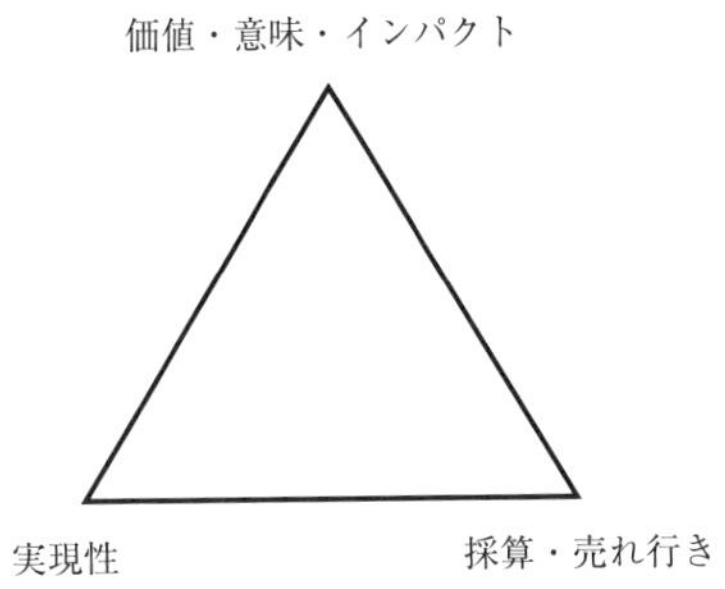

鷲尾賢也『編集とはどのような仕事なのか』より

そういう意味で企画を考える際には、常に価値、実現性、採算の三つを考えるというのが企画の三角形で、非常に実践的な考え方だ。

さらに、この三角形の大きさということを考えてみると、三角形が大きければ大きいほど、きれいな正三角形であればあるほど、良い企画になる。大きく美しい三角形を常に意識して企画を立てる。価値も実現性も採算も、それぞれ値が大きければ大きいほど、企画としてはより良い企画であると言える。

「あっ、へぇ、ほぅ」

これは元NHKプロデューサーの萩野靖之武蔵大学客員教授から聞いた話である。萩野さんによると、番組企画のポイントは「あっ、へぇ、ほぅ」の三つの言葉にあると言う。

「あっ」というのは、人が驚く事実のこと。企画にはまず、「あっ」と驚くような事実が必要だ。次の「へぇ」というのは、その事実を裏付けるもの。事実の裏付けをきちんと取材していれば、人々は「あっ」となった次に、「へぇ」と思う。三番目の「ほぅ」というのは、そのことが人々を納得させ、感動させるかどうか。「あっ」と驚いた事実、そして「へぇ」と感心させる取材、「ほぅ」ということで見ている人たちを納得し感動させる、それが番組企画の採用不採用のポイントだという。「あっ」というのは事実であり、「へぇ」というのはそれを実証していく作業、「ほぅ」というのはそれを番組として表現していく作業だ。

これもなかなか面白く、かつわかりやすい言葉だ。事実、論証、表現というその流れが企画としてできているかどうかが、企画の要諦であるということ、これは出版企画にも通じる話である。

編集企画織物説

　では私が考えている編集企画の立て方はどのようなものか。私は出版企画とは織物であると思っている。

　その織物の横糸は、著者や友人編集者などの人脈である。さまざまに張り巡らされた私なりのネットワークに著者を陥れ、その著者の可能性をあらゆる角度から検証する。著者はクモの巣にかかった蝶か、アリ地獄にはまったアリ状態である。しかし考えてみれば、そのアリの栄養を吸収して妖艶なウスバカゲロウが生まれるわけだから、著者のエキスで読者が育つようなものかもしれない。とにかくまずは自分のネットワークの網に著者を落としこむ。そのための人脈ネットワークを横糸にする。

　縦糸は先人から受けつがれてきた編集者の精神である。ひとりの編集者が生まれるまでには、さまざまな先輩たちの思考や行動が経験値として受けつがれている。それを身につけること。それこそ実は企画立案の要諦なのである。

　そうした横糸と縦糸に、自分なりの色付けをして織物を織る。その結果どんな図柄の織物ができてくるのだろうか。渋い絣《かすり》柄のときもあるだろう。あるいはインドネシアの海洋民が織るイカットのように華麗なときもあるだろう。素材を生かした高級絹布のときもあるかもしれない。そうした想像が、企画を考えるときの最大の楽しみなのである。

そこで次に、その横糸・縦糸についてもう少し詳しく考えてみることにしよう。

2　人脈の作り方——編集者のネットワーク

編集者の資質

どんな職業でも人脈をもつということはきわめて重要だが、編集者においては、それは何よりも大事なことだといって間違いない。編集者にとっては自分のもっているネットワークこそが財産だ。自分がどれだけネットワークをもっているかということが、企画にも関わるし、一つの企画を次の企画に展開していく方法論としても成り立っていく。

しかし、人脈をどのように作るか、それはなかなか難しい。これも最終的にはその編集者の人柄としか言いようがないところもある。そこで編集者の資質ということがよく言われる。たとえば酒は飲めないより飲めた方が良いだろう。性格は暗いより明るい方が良いだろう。好奇心はとにかく必要だ。しかしそれらはいかようにも対応できる。下戸の名編集者もたくさんいるし、ネクラ編集者などはざらだ。むしろ大事なのは、どんなタイプであれ、その人なりに著者にアピールできる何かをもっていることだ。そこを磨き上げ、個性として生かすこと、それができることこそ編集者の資質だろう。

編集者たるもの、自分のネットワークをどれだけ作っていくかということを意識しないと始まらない。ここでは人脈とはどんなふうに成立していくのかを考えてみよう。

将を射んとすれば馬を射よ

「将を射んとすれば馬を射よ」という諺がある。武将を討つには、その武将を直接狙うのは大変だが、武将の乗っている馬を倒してしまえば、自ずと武将も倒すことができるという意味だ。ここで何を言いたいかというと、編集者がある著者を説得しようと思ったときに、その著者と親しい編集者をつかまえるのが有効であるということだ。

一般に著者というのは編集者をものすごく信頼している。ある意味で、著者の仕事は編集者のサポートなくしてはできない。だから著者は編集者の言葉をかなり聞いてくれる。初めて仕事を持ち込んでくるような編集者が信用できるかどうかを、著者が何で判断するかというと、多くの場合は自分が親しい編集者の意見を聞くのだ。

Aという編集者がある著者に原稿を依頼しに行く。しかしAという人が初対面の場合、著者は自分が日頃付き合っているBという編集者に「あのAという編集者どうなの」と聞くわけだ。そのときに、もちろんとてもいい編集者だと言ってくれるに越したことはないのだが、「その人を知らない」ということも多い。そうなると心証は大分悪くなる。言ってみれば、編集者のネットワークがないと、著者に対する最大のアドバイザーを味方にすることができない。そういう意味で、ある著者を口説こうと思ったときは、その著者と親しい編集者を友人にもつということが、きわめて重要である。

逆に編集者の方で、ある著者に仕事を依頼するかどうか判断する場合、その著者の評価を、著者の同業者、学問なら同じ学問世界の人たちに評価を聞くということもあるが、そういう評価とは別に、編集者同士の評価を聞くことが多い。ある学者の仕事の業績を評価したり判断する場合、それが学問的にどのような意味や価値をもっているかを調査し判断するのは大前提だが、その上で編集者間の評価も多くの場合に参考にする。やはり編集者でしか知り得ない情報が多くあって、その著者の内面部分というか、書いたものではなかなか浮かび上がらない部分を編集者は見ているので、それを聞いた上でその著者を評価するわけだ。その評価は極めて参考になることが多い。

たとえば、著者の人間性の問題であるとか関心のありようなど、すでに発表してある論文や作品というものとは別に、常日頃その著者がどんなことを考えているのかというようなことは、編集者の方が実はよく知っているということが多くある。編集者のネットワークによって、著者の評価というものはさまざまな角度からできるので、「将」、つまりある学者なり作家なりの著者を射とめようというときには、まず日頃「馬」としてその著者を運んでいるような編集者から、多彩な情報を得るということを考えておくと有益である。

二つの輪

編集者と著者の間には二つの輪がある。まず、著者を中心にした編集者の輪というものがある。これは、とりわけ作家には多いけれども、ある著者には、その著者の付き合っている編集者の群れがある。会社を超えた付き合いがそこから始まる。たとえば著者のところでパーティーなどがあったときには、各社それぞれ、その著者との付き合いがある編集者が集まる。そのような契機から、著者を中心とした編集者の輪というのが一つできる。

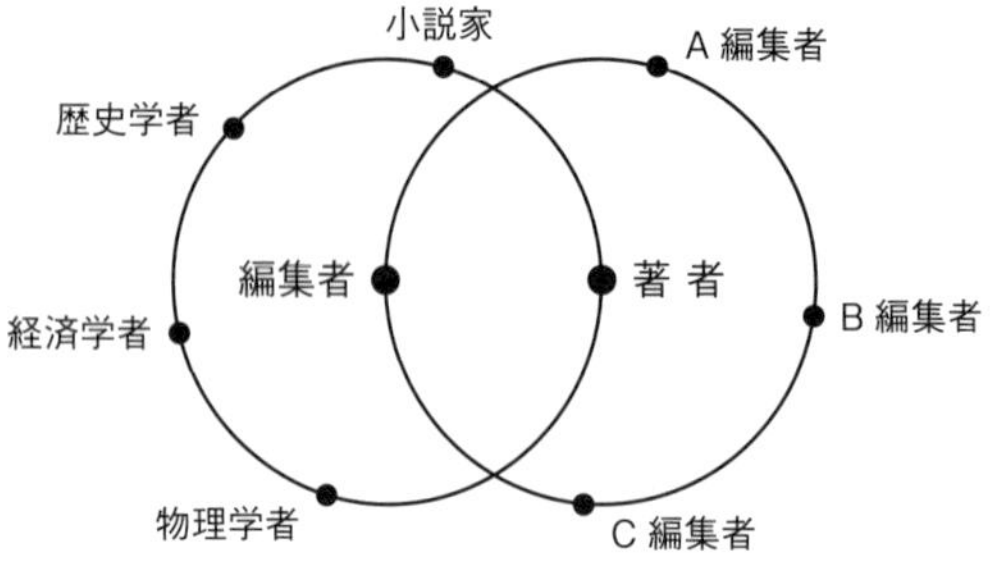

二つの輪

そういった場に行っても、初めは見ず知らずの人ばかりで人見知りするかもしれない。しかし一人でも知り合いがいればその人に紹介してもらえば良い。一歩踏み込んでネットワーク内に入ってしまえば、半ば自動的に人脈は膨らんでいく。その一歩の決断が大切である。

そういうものを通じて編集者は自分のネットワークを広げていくわけだが、やはり一人の著者という共通の対象をもっている関係で、価値観の基準が一つできるので、個々の編集者同士の能力もそこから浮かび上がってくるということもある。ともあれ著者を中心とした編集者の輪に編集者はしっかり入りこんでおくことが大事だ。

もう一つの輪は、編集者を中心にした著者の輪である。これは、自分を中心にどれだけ著者をもっているかだ。これはある特定のジャンルに限っている必要は全くなくて、むしろなるべく多様で、しかも多層なほどいい。たとえば、歴史学者もいれば、文学研究者もいれば、経済学研究者もいる。と同時に、小説家もいれば詩人もいれば、あるいは自然科学の専門家もいる、というのが望ましい。そうした自分の著者の輪をどれだけもつことができるか、これはきわめて重要だ。なるべく複雑で多様な輪をもっていることによって、ある企画を考えたとき、たちまちに相談できるグループができる。

たとえば仮に、「現代日本の病理」というシリーズ企画を立てようと考えた場合を想定する。どういうレベルでその企画を切るか。経済の問題、あるいは少年問題、政治の問題、科学における生命倫理の問題、というふうに、今の現代日本の病理というものをどういう観点から切っていくか、その切り口と組み合わせが勝負になる。それは編集者の能力でもあるのだが、それを支えるものは編集者のもっている著者の輪なのだ。

それが多様であるほどいいと言ったのは、ある一つの問題をある専門性から見るのではなくて、なるべく学際的に多様に幅広く見ることができるということであって、そのためには、なるべく複雑なネットワークをもっているほどいい。同時に、そのネットワークが多様であればあるほど実現性も高まってくる。

これはなぜかというと、実際の編集作業ではよくあることなのだが、ある人に原稿を頼みたいと思っても、忙しいとかテーマが合わないなどと、さまざまな事情でそれが難しい場合がある。そのときに、自分のネットワークをもっていれば、著者群が広がっていく。Aさんがだめなら B さん、Bさんがだめなら C さん、というふうにどんどん展開することができる。著者の輪というのは実現性をも高めてくれることにもなる。

以上のことから、著者を中心とした編集者の輪と、編集者を中心とした著者の輪という二つの輪を考えると、編集者における人脈の重要な問題がわかると思う。私も身近にいる編集者を見ていて、よく仕事のできる編集者、とりわけ名の通っている著名な編集者や辣腕編集者は、この二つの輪がいずれも強くて大きいのである。

出版社、著者、編集者それぞれの性格

次は、先の二つの応用問題と言ってもいい。

編集者の間では、著者やテーマのやり取りをすることが現実としてある。たとえば、ある著者であるテーマを考えたのだけれども、自分のいる出版社では企画が通りにくい。出版社には出版社の性格があるから、この著者でこのテーマではやりにくいと思ったときに、よその会社の知り合いのところにその企画をもっていったり、友人の編集者を通じてその企画を実現したりということをするわけだ。

小説家で南木佳士《なぎけいし》という、信州で内科医をしながら小説を書いている方がいる。勤務している病院は佐久総合病院という長野県では有名な病院だ。南木氏は長年『文學界』に作品を発表してきて、ほとんどの仕事を文藝春秋としている作家だったが、どうしても自分の医療の上での師匠である若月俊一という人の評伝を書きたいという。若月氏は医者の世界ではとても有名な人で、信州の僻地で農村医療を始めた人なのだが、その評伝を、できれば岩波新書で書きたい、ということを文春の担当の編集者とずっと話していた。その文春の担当者が私の友達で、南木さんからこんな話があるのだが岩波新書でどうか、という話をしてきて、それだったらぜひ岩波新書として話を受けようということになった。そうして『信州に上医あり』という岩波新書を書いてもらい、名著として大変よく売れた。今でもよく売れている。これは実際に一つの企画をもらったケースである。

逆に、私が企画したものでどうしても岩波ではできないというのがあった。雑誌『へるめす』誌上で、島田雅彦氏と福田和也氏の連載対談をした。「いま、文化を語る言葉はあるのか」というタイトルで、全六回の対談をやったのだが、これが諸事情からどうしても岩波では出せなかった。結局その本は文藝春秋から出ることになった。

出版社には性格があって、著者にも編集者にも、それぞれ性格がある。だから、実現が難しいときに、ではどうするか、どうやってその企画を実現するかを考えたときに、先ほどの二つの輪をいかに有効に使うかという例である。

3 精神のリレー――志をいかに受けつぐか

長谷川郁夫という編集者が、第一書房の長谷川巳之吉という人の評伝『美酒と革嚢』を書いている。その評伝を参考にしながら、編集者における「精神のリレー」という問題を考えていきたい。

第一書房社主、長谷川巳之吉の仕事

第一書房というのは、大正一二（一九二三）年に長谷川巳之吉という人が起こした出版社で、堀口大学の『月下の一群』という作品から始まって、日夏耿之介《ひなつこうのすけ》、佐藤春夫、上田敏、野口米次郎、萩原朔太郎といった錚々たる詩人たちの詩集を出したり、訳詩集を出したりした。革表

紙で天金（天金というのは本のページの上部に金箔を貼ること）、そしてアラベスクという唐草模様の非常に凝った絢爛たる造本で出版した、非常に有名な出版人だった。

「出版は一片の営利事業ではないと考えた彼は、採算を度外視した出版をあえて行い、不遇な作家、詩人、学者を拾いあげ、気骨あるところを示した。その後、出版一代論を唱えて、昭和一九年（一九四四）二月全盛中の第一書房を廃業（日本近代文学大辞典）し、紙の配給権など一切の権利を講談社に譲渡した。廃業は、「突然なこと」だった」（野田宇太郎『第一書房しんがりの記』）

つまり、非常に絢爛たる造本で、恵まれなかった作家たちを取り上げながら、それを出版業として十分に成り立たせた。にもかかわらず、あえてそのすべての権利を講談社に譲渡してしまった。

長谷川郁夫氏は、それは何故かということを問いかけながら、出版のモデルということを考えていく。この文章は、私に強く深い影響を与えている。

小沢書店社主、長谷川郁夫の願い

長谷川さんは、小沢書店という出版社を起こし、これも同じように非常に造本や装丁に凝った出版物をよく出し、とりわけ詩歌、文学に関する非常にいい本を出してきた出版社だ。文学者の全集であるとか、あるいは非常にしっかりした詩集を出している。しかし、小沢書店は残念ながら数年前に倒産してしまった。自分の会社を倒産させてしまった長谷川さんが、自分の心境を語る中で長谷川巳之吉を書いている。

「個々の編集者ならいまなお、エディターシップの作用によって文化を演出、というのが大袈裟なら、新刊書店の棚の配置を変える位の手品をみせてくれる。しかし現在、出版という仕事に、精神=表現につながる働きがあるといえるのだろうか。三十年前、出版もまた創造である、私はそう願っていた筈だった。

この十年ほどの間にすべてが御破算になった。捉えどころのない思いが湧きあがってくる。胸まで海水に浸っていると足元のあたりだけ潮の流れが変って冷たい水が砂を浚っていく、そんな感覚。コンピュータによる印刷革命、CD、ケータイ（通信）の普及、流通革命……これらは表層の変化である。むしろ歓迎すべき進歩で、私にも対応できた。それらが急激におよぼした意識そして生活への影響を、近年の文学の変容にからめた論議もあるだろう。そうではなく、私が生きようとしたささやかな場所に目に見えない変質があった。それが何か。存在理由《レゾン・デートル》を失ったいま、私には確認しておきたい課題に思えてきたのでおそらく、その背景には目に見えない大きな変化があって、出版というものを変えてきたのではないかという、ぼんやりとした思いがあった。さらにこう書かれている。

「どの社にも出版の理念がある。明文化されるものではないが出版者の姿勢にあらわれて、それがそれぞれの社の風＝個性となっている。そして、かつては出版人にも『精神のリレー』と呼ぶべきものがあった、と信じている。編集者が移籍したとか、刊行物が他社に渡ったということだけではない。編集・製作・営業、すべての作業をひとりでこなすようなマイナー・プレスであるほど『夢』のかたちが見えて事態は明瞭なのだが、例えば、第一書房の精神は譲渡したという講談社に受け継がれた訳ではない。それは、河出書房に飛火し、草野貞之の白水社、古田晁の筑摩書房、森谷均の昭森社、角川源義創業時の角川書店へと分散されていった。（目に見えないものだから、むろん確証はない。ただそういえる根拠はあるのだ。）そうだ、まず、われわれは『どこから来たのか』を知るための一歩として、放り出したままの巳之吉にもう一度向き合ってみようと考えた」

ある」

出版に対する志をもってやってきた。しかし、それは倒産によってすべて失ってしまった。

編集者のDNA

長谷川さんの言いたいことは、出版人には「精神のリレー」と言うべきものがあって、それは一つの社から一つの社へと受けつがれるものではない。まして、一つの社の中で完結してしまうものではない。社を超えて、あるいは人を超えてつながっていく、いわば編集者のDNAのようなものがあるのだろう。まさにそのようなものとして「精神のリレー」と名付けられるような、編集者の間における意識の流れのようなものがある、ということだ。

これは、私自身も体験的に非常に重要だと思っている。ある出版の志というのは、必ずしもその人、本人によって終わってしまうものではないし、ある会社の先輩後輩という関係の中だけで受けつがれていくものでもない。先ほど言った二つの輪、著者を中心とした編集者の輪や編集者を通じての著者の輪を通じて、社を超えて編集者の中で受けつがれていくものとしてあると思う。そうした編集者のDNAを、私たちはいろいろな形で先輩から受けついで、そしてまたいろいろな形で後輩へつなげていくのである。

そういうとき、直接の会社の先輩から教わることはもちろんあるが、そうではなく、私もこの長谷川郁夫さんからよく話を聞いて影響を受けた。文学にかける志の強さ、原稿から造本まで一貫したポリシーで著者に接する態度は、会うたびごとに学ぶことが多かった。

また、数年前に亡くなった飯田貴司という河出書房新社の編集者がいた。彼は、いわば私の編集者デビューを助けてくれた人である。新人のときに、画家・作家の司修さんの家に打ち合わせに行ったら、飯田さんもちょうど来ていた。昼頃だったが、何となくビールを飲み始め、そのまま宴会に突入し、夜を徹して翌日の昼頃まで三人で飲んでいた。そのときの印象が良かったのか悪かったのか知らないが、それから事あるごとに飲みに連れ出してくれ、いろいろなお店や編集者・作家を紹介してくれた。そして話の端々に、編集者としての飯田文学の志を語ってくれたのである。

そのほかにも、まだまだ多数の人たちから編集者のDNA受けついできたことを嫌が応にも感じざるを得ない。いわば編集における価値観のようなものを受けついでいく、その「精神のリレー」というものを、今、最も重要なものとして考えている。

それがあるからこそ編集者の楽しみというものがある。あるいは編集者のネットワークの強化策というものもそこにあるのではないか。自分一人の利害や、自分の会社一社だけの利害を超えて、何かを受けついでいきたいという、その志をつないでいく精神のリレーというものは、むしろこういう出版にとって厳しい時代になったからこそ重要なのではないか。このことは編集に関心をもっている人には、ぜひ受けついでもらいたい。

カワカミセンセイの授業から 3

編集者として人付き合いのコツは？

「作家と聞いてどんなイメージを思い浮かべる？」

――お金がなくて暗いって感じ。

「ふーん、それは随分古いね。まるで大正時代だ。今の作家はオシャレでカッコいい人が多いよ。もちろん例外もいるけど」

――癖が強そうというか、とっつきにくそうですよね。

「まあ、とっつきにくい人も、いい人もどちらもいるよ。でも、それがそのまま作品につながってくるとは限らない。その逆もあるしね」

――付き合っていくのは大変じゃないですか？

「大変と言えば大変だけどね。友達に限りなく近づくこともあるけど、やはり友達じゃないからなあ…。著者と編集者の間柄というのは、ちょっと独特なところがあるんだ。わざととっつきにくく付き合うこともあるし、そういうテクニカルなところは一言では難しいな。詳しくは第４章を読んでよ」

――編集者に限らず、視野を広げることが大事だと思うのですが、どうしても自分の趣味に偏ってしまうんです。そうすると人と付き合う範囲も狭くなってしまいます。どうすればいいと思いますか？

「やっぱり、どれだけ多くの人間を面白いと思えるかだね。まずは人間を好きになること。そうするとその人が興味をもつことに、自分も興味をもつようになる。そうして対話が始まり、さらに芋づる式に興味や人間関係が拡がるんだ。もちろん、会った人すべてを好きになるのは大変だけど、十人のうち九人くらいまで好きになれたらいいよね。逆に一人ぐらい嫌いな人をあえてつくるというのも、残り九人を好きになるにはいいことかもしれない」

――編集者の仕事って、いろんな人たちと付き合って、その人たちを肯定しなくちゃいけませんよね。私の場合、他人としゃべると、すべての人に『ＹＥＳ』と言わないといけないと思っちゃって、自分を見失いそうになってしまうんです。

「肯定するところから始めるのはまちがってないと思う。ただ、話を聞く側も自分の意見を出していくように努力することも必要だよ。もちろん、最初は相手が圧倒的に主導権を握るだろうし、こちらもそれを受け容れざるを得ないけど、その中でもどうやって自分の主張を入れていくか。初めは十を聞いたうち一を返せるよう心がけて、そのうち三くらいまで自分の意見を出せるように自分をトレーニングしてみようよ」

——この人に書いてもらいたいって思うときのポイントは何ですか？

「もちろん、書いてるものが面白いってこともあるけど、その人自身の人間的な魅力というのが大きいいね」

——ベテランの編集者って、著者を見極めるにしても、他の人には見えない何かが見えているように思うんです。

「いや、そんな特別なものはないよ。ただ、著者をどう読み込むか、自分自身の読み方に徹すること。誰が何と言おうとも」

——それが意外と難しいんですよね。気が弱くて、誰が何と言おうともって強気になれないようじゃ編集者失格ですか？

「気が弱いって言っても、むしろそれを武器にすればいいいんじゃないかな」

——どういうことですか？

「つまりね、開き直って、気が弱いってキャラを立ててしまう。何も特徴がないっていうのが一番まずいと思うんだ。気が弱くたって、ネクラだって、一体何が悪い？　マイナス思考ばかりしているって悪く言われるんだったら、マイナス思考キャラの編集者になっちゃえばいいんだよ。あるがままの自分を肯定していくって言ったらいいのかなあ。考え方を切り替える工夫をしてみる。そうやって、世間の常識とは別のところで勝負できれば、編集者として十分やっていけるよ」

第4章

著者は全人格をぶつけてくる

——編集者の仕事

1　読者の関心と編集者の関心

本の性格を熟慮する

今の本を媒体の形式として考えると、単行本、新書、文庫という三つの類型に分けられる。

本の性格という観点から見ると、単行本というのは「何でもあり」ということになる。その本にとってあらゆることが考えられるということで、最も自由度が高い。

新書というのは、かなり性格がはっきりしている。基本的にはどこの新書でも、書き下ろしを原則にして一気に読ませるということが特徴になっている。内容はかなり自由であるが、外形的な制約が強い媒体である。原稿の枚数、判型、装丁、これらは基本的に同じである。たとえば岩波新書では、原稿枚数は二〇〇から二五〇枚、判型は新書版、装丁はすべて同じ。したがって、そのようなところでの編集者の遊びの要素はきわめて少ない。むしろ編集者の勝負は著者とテーマ、そして内容、というように絞られてくるのが新書の特徴である。

文庫は、新書とは逆に、基本的には「二次」ものである。「二次」ものというのは、すでにどこかで発表された本を、あらためて文庫としてそろえる、ラインナップに入れるということである。そういう意味では読者にとっては廉価本的な意識が強いように思われる。たとえば、小説であればいったんハードカバーで出したものを、もう一度文庫として読み直す。しかも、安くハンディーに読み直すといったような意識になっていて、そのようなものとして、読者の関心をひくような文庫の企画を探すということになる。しかしそれだけではなく、岩波文庫や学術系の文庫では、単行本として刊行を続けるのが難しい古典をそろえておくという意味ももっている。

同じように内容という点から見ると、多岐にわたるが、学術・専門書、一般書、文芸書、あるいは娯楽書、実用書、というような大雑把な区分けができる。そして、その組み合わせ、つまり、単行本なのか、新書なのか、文庫なのか、内容で言えば、学術・専門書なのか、一般書なのか、文芸書なのか、娯楽書なのか、実用書なのか、といったそれぞれの組み合わせを具体的に考えていくことによって、企画をどのように本にしていくのかということを考えていくことになる。

テーマを具体化

編集者の仕事の第一は、テーマを具体化することだ。これは現代的関心の中で、何が出版に値するかという「問題発見」である。その上で、文化的価値と商品的価値のバランスを取りながら、それをある具体的な本にする。

では、どのようにその切り口を見つけるか。例として、少し古いが二〇〇四年のアテネ・オリンピックを取ってみよう。オリンピックをテーマに本を作ろうと考えたときに、まず切り口を探さねばならない。切り口を探すというのは、テーマを具体化する上での最初の問題となる。

オリンピックというとさまざまな見方があるが、一番オーソドックスには、オリンピックをスポーツとして捉える。これは当たり前と言えば当たり前ではあるが、さまざまな競技があり、その競技には歴史があり、試合にはドラマがある。さまざまな見方の中から自分は何をテーマとして選ぶかということだ。

競技種目にしても、メジャーなスポーツをメジャーに捉えるのか。つまりマラソンのような花形競技を取り上げて、花形選手を取り上げるのか。あるいは、マイナーだけれども、そこにきわめて濃密なドラマが込められている競技を探すのか。私は、ソフトボールをテーマにして『負けたままでは終われない』という日本女子代表チームのノンフィクションを編集したけれども、それなどはやはり、マイナーではあるが濃密な問題が込められているということで取り上げた。

オリンピックはスポーツの祭典であるけれども、同時に政治の場でもある。当然その時代ごとに国際紛争の影響を受けるし、あるいは今の世界情勢をきわめて色濃く反映する。たとえばパレスチナ問題がそうであるしイラクの問題もある。かつては実際にオリンピックの舞台でテロが行なわれたこともあった。そういった国際紛争を反映するというような側面から捉えることもできる。またオリンピックというのはナショナリズムが強烈に発現する場でもある。政治という観点からオリンピックを捉えてみることは重要である。現にこの切り口からは、いろいろな形で出版物が出ている。

経済的な側面から見るということもある。オリンピックというのは、周知のように非常に経済効果の大きいイベントである。したがって、それにともない、さまざまな利権が絡む。たとえば、選手の肖像権の問題、その肖像権料の支払いの問題。あるいはオリンピックの開催地などをめぐって動くブラックマネーの問題。これについては、サマランチ会長の暴露本などが出版されたので、非常にわかりやすいと思うが、まさにオリンピックというのは経済の場でもある。そういう観点からオリンピックというものを捉えることもできるだろう。

もう少しひねりを加えて、アテネは非常に多くの歴史や文化を背負った土地である。その観点から捉えることもできる。「便乗本」とも言われているが、アテネ・オリンピックに絡んで、アテネの観光案内であるとか、ギリシャ神話の話など、およそありとあらゆるアテネ絡みの本が出版された。このように歴史、文化から捉えることもできる。

スポーツ、政治、経済、歴史、文化といったものが主な切り口としてあるが、さらに全く知らなかった別の観点からオリンピックを見ることも可能であろう。むしろそのようなことをどんどん発見していけば、その分だけ新しい企画ができていくわけだ。そこに意外性を見つけることができれば、まさにそのことが出版企画としての成功につながっていくわけである。このようにテーマを具体化していくというのは一つの戦略である。

著者の選定——安心か冒険か

あるテーマを考えると、次には著者を想定する。その著者の想定の仕方には端的に言って二つある。

まず「安心」の場合。ある分野に関して、その道の専門家に依頼する。これは編集者としては非常に安心できる。だいたい誰が見ても間違いのない著者を選んで、間違いのない内容を書いてもらい、しかもその著者によってそのテーマが権威づけられて出されていく。このような形は、編集者としては非常に安心だし、楽といえば楽である。

かつては学問の世界だと、学閥がしっかりしていて、ある分野の大先生というような存在がそれぞれにいた。その大先生に、そろそろどなたかこういったテーマで書ける先生のお弟子さんがいませんかなどというと、その大先生が「じゃあ、そろそろ誰々君がいいだろう」などということを言い、それだけでもう企画ができる。その学問世界のお墨付きを貰っているわけだから、いちおう内容も信頼できるし、当然それなりに読者も付いてしまう。そのような意味で非常に安心はできるのだが、その一方で全く新鮮さがない。編集者としては、なんだか学会の御用達のような感じで非常につまらない。しかし、そのような出版も一つの形としてあるだろう。

それに対して「冒険」の方は、この著者にこのテーマを頼んでよいだろうか、という問いかけを常に行なうことになる。いわば賭けであるから、失敗した場合には編集者が全責任を取らなければならない。たとえば、テーマに関してその著者が実際には書くだけの力をもっていなかった場合には、編集者は何としてもモノにしなくてはならない。あらゆる資料を集めたり、他の専門家の意見を聞いてサポートしたり、あるいはもっと言えば、文章を代筆するなど、そのようなことまでしなければならない可能性もある。あるいは危険性といった方がよいかもしれない。

この「冒険」は諸刃の剣である。うまくいったときは歴史的名著が誕生することもあるが、一歩間違えると中身がスカスカの本になったり、企画したまま何十年も本にならずにお蔵入りということもあるからだ。私も実は、お蔵入りにしてしまった企画がいくつかある。

そのような危険性もあるけれども、しかし編集者たるもの、常にそのような冒険する意志というものが重要である。やはり、ある種の安心を求めて、ある事柄を再生産していくというような仕事よりは、常に新しい刺激を求めて、チャレンジしていく方が編集者としての喜びは大きいのではないか。そのような意味で「著者の選定——安心か冒険か」という問題を設定してきたが、やはり、編集者としてはできるだけ冒険心を大事にしていきたい。

プランを作る——書名と目次

著者が決まり、テーマが見えてきた、という段階になったときに、具体的なプランを作らなければならない。プランとは、本であれば書名と内容構成であったり、雑誌であれば記事のラインナップを構成するということである。言ってみれば、目次作りということだ。目次作りというのは、ある部分では著者の仕事でもあるが、実は編集者が介在していく部分が非常に大きい部分である。プランの段階で目次に編集者の意志が反映するものができるかどうか。この点はきわめて重要である。

このプラン作りに関して、私が日頃考えていることがある。それは、雑誌と書籍の編集者をそれぞれ料理人と大工に喩えることができるということだ。誰が言い出した比喩かは知らないが、言い得て妙なので紹介しよう。

まず雑誌の編集者というのは、本当に料理人ではないかと思う。料理人というのは、その日のお客さんや、旬の材料に合わせてメニューを考える。そして、実際のプレゼンテーションの仕方を考える。つまり、料理をどのような調理法で作り、どのような見せ方で出すかというようなことを考えるのが料理人であると思う。まさに雑誌の目次作りというのは、そのようなものではないか。

雑誌の目次には、前菜にあたるような記事があったり、メインディッシュがあって、これを一番読ませたいんだというものがあり、デザート的に一風変わった味付けのものを出す。さらに色合いやバランスを考えて、少しコラム的なもので味付けしたり、あるいは華のある芸能人などのコメントを載せたり、まさに料理人の仕事のようだ。

それに対して、書籍編集者というのは大工である。大工は、土地の状況を見て、あるいは施主の希望などを聞いて、図面を引き、基礎工事から始まり、骨組み作り、建前、そういったものを終えて、最後は内装まで仕上げていく。書籍編集者の作業は、学問状況や出版状況に合わせながら、著者とテーマと構成を考えて、文章を磨いたり、あるいは挿入する図版や地図などを用意し、そして最後には付録や索引を付ける。これらは著者との共同作業が多いわけだが、そのような作業というのは、大工が実際に施主と一緒になっていろいろなことを考え、ここに台所を作ろうとか、この壁はどのような壁にするかとか、話し合って作業を進めていく姿に似ている。

しかもそれは、こつこつノコギリで材料を切ったり、釘で打ったり、というような作業であって、いわゆる建築士というイメージではない。図面だけ作って「はいどうぞ」、というような建築士ではなくて、まさに大工のように、自分の手触りがあって、その手作りの良さを大事にしていくような作業イメージであろう。

しかしながら、最近の傾向で言えば、書籍編集者にも大工というよりは建築士というタイプが増えている。設計図だけ作って、後の現場はどこかのプロダクションに出して、「はい、作って」というような傾向も出てきているのであるが、やはり基本は大工のように、自分で最後まで責任をもって、手作りでやっていくというところにあるのではないかと思っている。

2　プレゼンテーション能力を養う

プレゼン力

プレゼンテーション（プレゼン）の能力というのは、どんな職業に就くにせよ大事なことだと思うが、編集者においては、自分の企画を、まず一番目には、編集会議という会社の中での会議できちんと説得しなければいけない。二番目には、自分のもっている企画を、書いてもらう著者に説得しなければいけない。三番目には、企画が実現していく際に、いわば営業的な面から書店、読者を説得しなければいけない。そういう三方向から考えることができる。

学生が入社試験などで面接を受けに来るとき、やはりプレゼン能力の欠如を感じることがある。自分の思い込みを一方的に喋ったり、こちらの疑問にちゃんと応対していなかったり、あるいは表現力不足などを感じることが多々ある。プレゼン能力というのは、編集者の能力としては基本中の基本として必要なことだ。そこでプレゼン能力をどういうふうに向上させていったらいいのかを、ここでは考えてみたい。

では、どうやってプレゼン能力を付けたらいいのか、そこが悩みどころだが、非常にいいテキストがある。

『ニコマコス流頭脳ビジネス学』（岩波書店）という本で、これは大平健という精神科医が「僕もビジネス書を書きたい」と言って書いてみた本だ。大平さんは、東京・築地にある聖路加国際病院の精神科の医者である。そこは土地柄からいって、周りのいろいろなビジネスマンの人たちが診察に来て、ビジネス上の悩みを訴える。診療の場でそういう悩みを聞いていると、一般のビジネスマンが、どういうところで悩んだり突っかかったりしているのか良くわかったという。そういうことを一つ一つ解きほぐしていけば、非常にいいビジネスマンになれるんだよ、という観点から書いた本だ。

ではビジネスマンに共通する悩みは何かというと、企画を立ててそれをきっちりプレゼンしていくことができない、それが最大の悩みだということだった。それに対して精神科医としての大平健さんの治し方はどうだったか。

アイデアストックとストーリー展開

いいプレゼンをするには、第一番目にアイデアストックをもつことだ。これは、どんなアイデアでもいいから、片端から思いついたものをどんどんパソコンに投げ込んでいく。思いついた連想を、どんな短い言葉でもいいからアットランダムにどんどんストックしていく。そういうアイデアストックというのが基本の作業である。これは別に、普段アイデアを作るぞと思って作っていくのではなくて、たとえばお茶を飲んでいるときとか、ぼーっとテレビを見ているときでもいい。そのときに思いついたことを、とりあえずその場でメモしておく。そうしてアイデアのストックを作っていく。

そうやって貯めたアイデアを、次はストーリーとして展開する。一週間に一遍でも一月に一遍でもいいから、そのアイデアストックをぼんやりと眺めてみる。ぼんやり眺めていると、その中からストーリーが見えてくるはずだ。何らかのあるグループ分け、そのアイデアのグループ分けができたり、アイデアの階層化ができたりする。そうするとアイデアがテーマごとにまとまっていく。ぼんやりとしたまとまりができたら、まずストーリーに展開し、流れを作ってみる。

そのストーリーの展開の仕方には三つある。

一つは起承転結型。アイデアの並べ方によって、起承転結のある話ができれば儲けもの。そして、ストーリーを作っていく。

次はプロット型。これは、物語の筋立てで考えてみる。映画やテレビなど、場面転換のプロットだけをいくつか作ってみる。そうすると、それはそれで一つの物語ができる。

三つ目は問題提案型。アイデアのストックを、問題を提案するという形式に構成してみる。ぼんやりとした漠然としたアイデアの塊を、まず整理して、次にストーリーの展開をする。いいストーリー展開ができれば、企画提案などでは、ほぼ勝ちだと思って間違いない。

私の経験でも、編集会議を現場で主宰すると、いろいろな企画提案が出てくるのだが、アイデアとしてはわかるのだけれど、それが一体どんな企画なのかわからないということがある。どんな企画だかわからないということは、要するに企画案に流れがない、つまりストーリーがないのだ。

良いストーリーとは説得力のことである。企画は説得力がないとダメだ。思い込みだけでは読者はついてこない。思い込みをストーリーに展開できたときに初めて企画になるのだ。その能力こそ編集者の能力の分かれ目だろう。

ブレストのすすめ

ストーリー展開をする際のトレーニング方法としては、ブレイン・ストーミング（ブレスト）が良い。これは、数人であるテーマを決めて、話の流れを止めずに、決してそれはダメだというふうに否定的に言わずに、肯定的にどんどん話の連想を広げていく会議の仕方である。ブレストを日頃から繰り返していくことによって、ストーリー展開がさらによくできるようになる。

さまざまなコンテンツを整理して、あるストーリーを展開できるかどうかというのは、編集者の企画における最も基礎的な能力だ。それができればどんな編集会議でも怖くない。あとは、そのストーリーが実際に採算的にはどうかといった現実的な応対を考えればよい。あるアイデアを貯めてストーリーを展開する。そのストーリーを展開する際にベースになるのが編集者の理念だと思う。志があれば、漠然としたアイデアがあるストーリーに展開できる。

あとは、ブレストによって日頃から鍛える。議論によって話は展開していくので、とりわけブレストという、企画を潰すための議論ではなく、企画を伸ばすための議論を繰り返すことによって、ストーリー展開能力というものは非常に伸びてくるはずだ。

3　著者と編集者

まずは原稿の依頼

次に「著者と編集者」との関係を考える。編集者はプランを考え、社内の編集会議という手続きをふまえ、正式に企画が決まった上で、著者のところに原稿の依頼に行く。

依頼の仕方には、今日では四つの方法が考えられる。それは、手紙、電話、ＦＡＸ、それにＥメールである。

私が入社した頃には、まず基本は手紙であるというように教えられた。今でもその思いは変わらない。特に初めての著者であるというケースでは、手紙できちんと依頼をする。趣旨を説明し、枚数や分量などの必要条項を書いた手紙を書けるような能力は必要である。そのような基本のトレーニングをした上で、その応用として、電話やＦＡＸ、Ｅメールなどがあるように思う。今は、ちょっとした原稿依頼だと、Ｅメールというのが大変多くなってきているが、それはいずれにしても応用であり、やはり、手紙を書いて、会いに行くということが基本である。

仮にどんな手段を使って原稿を依頼したにせよ、面会の重要性というものは最も高い。著者とフェイス・トゥ・フェイスで会って、依頼したテーマを、本当にその著者が依頼通りに受け取ってくれたかどうかを確認する。これは必須事項である。そのとき逆に著者の方からそのテーマに対する再提案があることがよくある。このようなテーマで依頼されたけれど、この問題はこのように考え直した方がいいのではないか、というような提案がよくあるのだ。そういった著者側からの再提案を受けて、著者と議論し、編集者との間で問題意識を共有した上で、さらに企画内容が高まっていくということがあるので、やはり、手紙で依頼し、さらに面会に行くというのが基本であろう。

そのような人間関係ができてきて初めて、その後の電話やＥメールで気楽に交渉するという流れができてくる。そのような意味では、やはり今日でも、手紙と面会というのが基本的な依頼のラインである。

特に注意しておきたいが、重要な問題をＥメールでやりとりするのは大変危険である。事故の心配もあるが、何よりも相手が、自分を軽んじていると受けとめることがあるからである。

重要な問題ほど、手紙と面会が基本である。

テーマから著者、著者からテーマ

出版企画を考える際に、著者とテーマを選定していくのには、二つの方向がある。一つは、「テーマから著者」という問題であり、もう一つは、「著者からテーマ」という問題である。どのようなことかというと、ある原稿を依頼する際に、テーマから著者に入る場合は、今述べたような形、つまり、手紙で依頼し、面会するという流れである。

逆に、著者からテーマへというパターンもある。ある程度著者との信頼関係ができた編集者の場合には、著者のほうから次々とテーマが降ってくる。著者も当然ながらいろいろな問題を考えており、その自分が考えている問題を編集者にどんどんぶつけてくる。編集者はそれを受け止めた上で、そのさまざまな提案の中から、企画になりそうなもの、さらに大型企画として展開できそうなもの、そういうものをきっちりと見きわめる。

たとえば、会って話をしたときの十個くらいの話題の中から、一つか二つに絞って、その問題をもっとこういうふうに展開したらどうかという考えを出してみる。著者から来るテーマを編集者が打ち返すということが必要になってくる。

その打ち返しが非常にうまく、投げられたボールの芯を叩くように打ち返すことができれば、ものすごく良い企画として伸びていく。いわばホームラン企画がそこからできていく。そのような意味では、著者とのあうんの呼吸というものは非常に大事であるし、また、それだけの信頼関係を日頃から作っていくことが重要である。

また、常に著者と行動を共にすることが多い文芸編集者の場合は、どうしても小説という性格上、編集者が投げかけるというよりは、著者の中で企画が具体化していくということの方が多い。しかしそのような場合でも、作家はさまざまなテーマをもっているので、その中で何が作品として結実していく方向性をもつのか、それをきっちりとリードしていく能力が編集者には必要である。著者から来るテーマを常に受け止めて行くだけのセンスは磨いておかなければならない。

著者の日頃の関心というものをしっかりつかんでおいたり、著者がいろいろなところに発表した原稿をすべて集めてファイルしておく、などの基本的な作業は当然必要になってくる。そういうことを通じて、著者からのテーマをしっかり打ち返していくことが可能になるのである。

催促と推敲は手足を使う

テーマが決まり、著者への依頼も済んだという段階で、次には「催促と推敲」という段階が来る。これは、言わずもがなのことではあると思うが、実は難しい。催促というのは、意外と簡単なようで簡単ではない。誰しも原稿を書くというのは大変な苦業である。その苦しい作業を、編集者はありとあらゆる手段でサポートしなければならない。

たとえば、書いている中で著者に迷いが出たときに、その迷いの方向性を少し正してあげる。あるいは、足りない資料があれば、編集者の方でそれを集めてきてサポートする。お酒の好きな著者であれば、たまには飲みに行って、いろいろそこでテーマに関する話をすることによって、著者の方も迷いがさめて来るということもある。中でも一番重要になってくるのが、編集者の方で多くの資料を集めるようなケースである。

宮田毬栄《まりえ》という、中央公論社で『海』という雑誌の編集長を務めていた編集者の回想録『追憶の作家たち』（文春新書）が出版されている。この方は詩人の大木惇夫の娘である。大木三姉妹といわれ、長女が文藝春秋の編集者、次女が中央公論社の編集者、三女が俳人の大木あまり氏である。

宮田さんは、入社してすぐの頃、松本清張担当だった。ある事件が起こり、その事件を清張が小説化したいと言ったときに、その取材をした。その事件は殺人事件であったのだが、その殺人事件の現場を歩いて、その聞き取りから何からすべてこの宮田さんが行ない、ある時には大変危ない目に遭う覚悟で、ヤクザの所にまで乗り込んでいって話も聞いてきた、ということを書いている。そのようにして集めてきた資料を、松本清張は見事に小説化して仕上げた。

その喜びをこの本の中で書いているのだが、このように、単に「書いて下さい」と催促するだけではなくて、なるべく具体的に、著者の力になるようなサポートするということが、結果的には催促になっている。したがって編集者にはそういった取材能力も必要になってくる。取材能力のある編集者は、結果的には催促上手になり、いい仕事ができるということになる。催促というのは、単に原稿を書いて下さいと口で言うだけではなくて、手足を使って具体的なサポートをするということなのである。

ここで注意しておきたいのは、最近では、著者のサポートにインターネット検索を利用して資料収集をすることが多い。確かにこれは便利で早いが、信用度という点では著しく低いので、二重、三重の検索チェックが必要である。

推敲というのは、入ってきた原稿を正確に読んで、的確にアドバイスするということである。私が入社した頃によく言われたのが、「生《なま》原稿の読める編集者になれ」ということだった。今はほとんどが、ワープロ、パソコンであり、なかなか生原稿にはぶつからないが、当時は著者の手書きの生原稿である。その頃の感覚では、きちんと手書き原稿を読んで的確な批評ができるようにならないとダメだ、ということだった。

なぜかというと、やはり活字になるとどうしても原稿がよく見えてしまうのである。仕上がり具合がよいので、内容が軽い内容であっても形になってしまう。だから、ゲラ（校正刷り）にする前に、生原稿でどれだけ原稿が読めるかが、編集者としての勝負だというふうに言われていた。

今はパソコンで原稿作りする時代になっているが、やはり同じように原稿段階できちんと問題を捉える力がないと編集者としては難しい。これだけパソコンによってきれいな原稿が入ってくる時代なので、なおさら編集者の読む力が問われてきているのではないか。

原稿の読める編集者になれば、その本の構成から文体、あるいは表現に至るまで、さらに厳しくチェックして、それを著者に提案していくことができるようになってくる。その著者への提案が的確であればあるほど、著者の信頼を得ることができるので、ますます著者との関係は良好になり、結果的に非常に良い本になっていくのである。

著者編集者関係の妙

原稿の締め切りがギリギリの状況になった場合、編集者は、その著者の日常行動をすべて把握するようになる。それこそ、何曜日にはどこに行って、何時から何時にはどこにいて、など著者のプライベートな時間まで全部把握してしまうようなところがある。著者にしてみればいい迷惑かも知れない。

私の経験したことで、さすがに著者の方が呆れかえったケースがある。新入社員のとき、文化人類学者・青木保氏の本を作っていた。その青木さんがスリランカの山奥に調査に行った。依頼した原稿を書けずに調査に行ってしまって、スリランカで書いて送るよ、と言ったきり、その後はまったくなしのつぶてだった。そのときには、スリランカの山奥、キャンディというところに一軒だけホテルがあって、そこに泊まるということだけは聞いていた。しかもホテルの名前はわからない。どうも行く前の話では、電話すら通じるかどうかわからないというようなところだった。

当時は今みたいに国際電話が簡単につながらなかった。KDDに連絡して、ホテル名はわからないけれども、つないでくれと言ってみた。その山奥への電話というのは、一日のうち一時間か二時間しかつながらない、そして国内電話はほとんど通じないのだけれども、国際電話なら通じることもあるということだった。それがつないでみると、パッと電話が通じて、青木さんの方がびっくりした。

「何でこんな所に電話が通じるんだよ」と言うので「いや、キャンディのホテルに泊まると言ったじゃないですか」と答えた。結局「いや、まいった、まいった」と電話の向こうで苦笑しながら、執筆に励んでくれた。

運不運もあるが、やはりそこまでなると、遅筆で有名な著者も原稿を書いてくれた。信頼関係ができていたから、そんなところまで電話しても怒られずに、最後は笑って原稿を書いてくれたのであろう。そうしてできたのが『儀礼の象徴性』という本で、サントリー学芸賞を受賞した。

著者との関係において、編集者は時に苦渋の決断をしなければならないときがある。一つは「あと三日待ってくれればもっと良い原稿に仕上がるのに」と言われつつ、そこは非情に徹して原稿を剥ぎ取ってこなければならない。一方、ギリギリの進行でもう時間がないというときでも、内容のためにあえて無謀なことをするときもある。

かつて作家の赤瀬川原平氏に『へるめす』の連載をお願いしていたときに、オウム事件がおきた。その連載は、文化時評的なものだったので、当然オウム事件が対象となった。赤瀬川さんは何度も書いては消し、書いては消しを繰り返しつつ、どうにかこうにか締め切りに間に合わせて原稿を送ってくれた。しかしゲラになって書き直しをしたいと言ってきた。そのときの心境を文中で書いている。

「オウムのことを書いたんだけど、がっかりした。ちゃんと書いたつもりが、ゲラで読み返してみてぜんぜん面白くない。編集部には申し訳ないが、はじめから書き直している。ゲラを読んでいて腹が立ってきた。ゲラというのは原稿を活字化した最初の試し刷りのこと。この段階で全部書き直すのはスケジュール的にムリなんだけど、それは仕方ない。わかりきったことばかり大マジメに書いていて、自分が嫌になった。」

確かに厳しい日程であったが、このときは赤瀬川さんの作家としてのプロ意識に感銘し、印刷所などの関係各所に無理をお願いして書き直しを実現したのだった。

著者編集者関係というのは、本当に何とも言えない関係だ。もちろんきっかけはビジネスなのではあるが、実際にはある意味で友情を超えたような、友人以上の関係になる。先に挙げた鷲尾賢也氏などは、家族に近い、と言っているが、私の感じで言うと、家族ともまた違って、ある種の「盟友」といった位置に近いのではないかと思う。

著者は非常に孤独な作業をするわけであり、その孤独な作業の中で唯一支えになるのが編集者であるから、何でも話してもらえるような編集者にならなければだめだ。それができたときに初めて信頼関係ができる。いわば盟友として、家族以上になる。家族には言えないことも編集者には言ってくる。だからこそ、なかなか表にできないような話を聞くことも多くある。

そのベースにあるのは信頼関係である。仕事を通じて酒を飲んだり、あるいは旅行をしたりするようなこともあるが、そのような表面的なことだけではなくて、やはり本来の人間性が、そこで試されてくるのではないか。そういう意味で著者は、どれだけ自分というものを理解してくれているかということを編集者に見ている。だから編集者としては著者をどれだけ理解しているか、その理解しているということをいかに知ってもらえるか、そのことが非常に重要だし、またそこで著者に安心感を与えることができれば、どんどん著者をリードして企画に導いていくことができる。

やはりかつて『へるめす』で小林恭二氏と表紙を飾るアーティストのアトリエを訪ねるという企画をしていたときのエピソードをひとつ紹介しよう。これは小林さんの文章である。今まで取材の手助けをしてくれていたスタッフが都合で辞めたときの取材であった。

「私はパニックに陥った。

自慢じゃないが、私は人一倍依頼心の強いほうである。

『なんとかしてくれよ、このままじゃなんも書けないよ』

わたしは川上隆志に弱音を吐いた。

『大丈夫です。なんとかなります』

川上隆志は力強く、しかし意味なく断言した。そうであった、この男に何を相談しても無駄なのだ。彼の口癖は『なんとかなりますよ』なのだが、なんとかするのは常に彼以外の誰かなのである。十年以上一緒に仕事をしてきて、そんなことはわかりきっていたはずなのに。

取材に行く途中、私は珍しく沈みきっていた。どう相手にアプローチしていいかわからないのだ。が、苦悩するわたしのその横で、脳天気にばくばくとおにぎりを食らっていたのは言うまでもない川上隆志である。ま、これくらいの神経がないと雑誌の編集長は務まらないのであろう。」

もちろん、作家ならではの脚色に満ちた文章ではあるが、著者と編集者の盟友関係の一端がわかってもらえただろうか。

原稿の読み方、あるいは企画の鋭さ、あるいは著者の仕事の正確な評価、そういった要素をきっちりとクリアした編集者は著者の深い信頼を得ることができる。それが仕事の基本である。いろいろな編集者の追憶談を読むと、いかに編集者と著者がおもしろおかしく付き合っていたか、ということを書いてあるが、そのベースにあるのは、信頼関係を築くための努力なのである。

私が新入社員の頃に先輩に言われた言葉で、著者は全人格を編集者にぶつけてくる、というのがあった。私自身も経験を通じてそのように思う。

4　本のイメージをもつ

原稿から本にするまで

実際に原稿をまとめていく中で、本のイメージというものを編集者は正確にもたなくてはならない。本のイメージというのは、テーマと著者と分量である。

どういうテーマで、どれだけの分量の本を作ろうとしているのか。これは先ほど述べた本の性格を熟慮するということとも関係してくる。その本がどんな媒体で、読者がどれくらいであるか、読者の像がどのようなものであるかによって分量も決まってくる。そして当然、叙述の、あるいは描写のスタイルなども決まってくる。そのあたりを、編集者はきちんと見きわめなければならない。

またテーマによっては、図版や写真等のビジュアルな要素をどのくらい取り込んでいくかも大切だ。ビジュアルな本に作っていくのか、あるいはむしろ文字組み中心で作っていくのか。そういった本の性格を把握していなければならない。

ある程度テーマと分量がクリアされて、原稿が手に入ってきたとしよう。手元に入ってきた原稿を次にどうするかというと、組み方と造本を考える。組み方というのは活字の組み方である。基本的なオーソドックスな版面設計でいくのか、それともデザイナーなどを使ってかなり前衛的に大胆なレイアウトをするのか。そこの見きわめが大切になる。

じっくり読ませるのであれば基本的な文字組みにする。たとえば四六判なら四六判の基本設計というものがあるので、それに従っていけばよい。文芸書などではゆったり組むとか、高齢者向けの本ならば活字を大きくするなどの工夫もする。もしもビジュアルな要素を多くしたような本の場合は、実際の組み方や造本でいろいろな工夫が必要になってくる。これはむしろデザイナーの領域でもあるのだが、編集者も具体的なイメージをもってデザイナーと対峙しなければならない。

新しい組み方をしていくようなときには、なぜ今それをやるのか、なぜ新しい組み方が必要なのか、そしてその組み方でどのような効果を出したいのか、そのあたりを編集者はきちんと見ていないと、ともするとデザイン優先の非常に読みにくい本になってしまう。それが、全く読まれなくてもよいようなアート本であるならばよいのだが、中身をちゃんと読ませるような本である場合、かつデザイン的にも新しい本をやりたいというような場合には、編集者はそのあたりの意識をきちんともってデザイナーと対峙していかないと、大失敗をしてしまう。

組み方でいうと、本には、頭から最後まで読み通すような本と、ところどころを拾い読みする、極端な例を挙げると辞書などがそうであるが、そういうどこから読んでもいいような本があるが、どちらにするのかによってかなりレイアウトが変わってくる。小説などは、基本的には頭から読み、最後まで読み終わるものであるから、それに見合った流れを組み方の中で作っていく。章の見出しの取り方であるとか、小見出しの作り方、そういったところも一連の流れの中で読ませる方がよい場合には、それなりの作り方が必要である。

それに対して、ある程度どこから読んでも良い場合、あるいはむしろ必要に応じて必要な部分を読んでもらいたい場合には、かなり独立したものとして読めるような組み方や造本が必要になる。これらも本の性格に応じて変わってくる部分である。

定価、部数——読者像との関連

定価と部数は非常に重要で、編集者にとってこれはむしろ闘いの場であるといっていい。闘いの場というのは、これには社内的な闘いと、社外的な闘いの両方がある。社内的というのは、社によって多少の違いはあるが、会社内には編集以外にもいろいろなセクションがある。営業を担当するセクションや、製作を担当するセクションなどだ。編集者としては、少しでも多くの部数を作り少しでも安くして多く売りたいという希望があるわけだが、たいてい販売の方はそんなには売れない、などと言ってくる。

そういった社内的な闘いを乗り越えて、読者はどれくらいいるか、読者像をどのあたりに想定するか、つまりこの本は一万人くらいが読む本なのだとか、あるいは十万人はいけるという本なのか、あるいはきっちり三千部を売り切る本にしたいとか、編集者は読者をしっかり見据えて部数を想定する。

それに応じて、当然定価も変わってくる。一万人以上に読ませたいと思えば、どうしても定価は千数百円程度までにせざるを得ないし、少数でもいいからきちんと読んで欲しいという場合には、ある程度定価は高くてもしっかりした本を作る、ということになる。

このように、読者像との関連の中で、定価と部数を的確に判断する。ここでも編集者は経営者能力を問われるのである。

編集者の宣伝活動

編集者は本を作るだけではなく、売ることも考えなくてはならない。

キャッチコピーは大事だ。大きく分けて二つの書き方がある。一つは内容を紹介するタイプ。これは書名が抽象的だったり比喩的だったりする場合に、具体的な中身を知らせるのである。もう一つは印象的な言葉で人目を引くタイプ。これは大部数を売りたい本や、書店で平積みと言って表紙が見えるように積まれる本などの場合である。これは実際にどんなものが受けるのか、書店で見て判断してもらうのが良いだろう。

またそれ以外にも書評で取り上げてもらうように働きかける。新聞では担当の記者と親しくなったり書評をする評者に話を持ちかける。あまり無理強いするのも後々のことを考えるとよくないので、さりげなく依頼する方がいい。あるいは営業の担当者と相談してサイン会をしたり、場合によっては直接書店の担当者に売り込みに行くこともある。

何と言ってもその本のことを一番よく知っているのは編集者なので、どんな場合にも直接話し掛けるのが一番効果があるのは間違いない。

5　装丁について

装丁の意義

現在の出版状況の中では、装丁の位置付けというものはきわめて重要になってきている。装丁とは、書物の体裁を決めること、平たく言えばブックデザインのことである。装丁によって、売れ行きが左右されることがあると言っても過言ではないケースがあるからだ。

臼田捷治氏の『装幀時代』という本がある。臼田氏は美術出版社の『デザイン』という雑誌の編集をずっとした後、装丁の評論家となった。そこに、装丁の役割について、コンパクトに書いてある。

「装幀あるいはブックデザインの魅力とはなんであろうか?
それは、当然のことながら本の内容の単なる絵解きではないところにあるのではなかろうか。装幀は、本の内容の視覚化をはかり、それにふさわしい意匠を与えようとするが、内容そのものではない。本文に寄り添いながらも、美しい書物を創造しようとする装幀者の作業が加わることで、装幀は新たな次元をその書物につけ加える。装幀は本の内容に拮抗する小宇宙を形づくることをとおして、著者と読み手をつなぐ媒介役を果たしているのである。」

装丁というのは、著者と読者をつなぐ媒介者である。つまり編集者の役割と同じような意味をもっている、ということを指摘しておきたい。

「装幀は、人間や生物の身体になぞらえると、外皮のようなものだといえるのかも知れない。外皮が生き物の体を保護しているように、表紙やカバー、函などは、破損や汚れから本を守るという大事な役割を果たしている。そして、生物の生態や内臓器官の状態を敏感に反映して外皮はさまざまな変形と適応を見せるように、装幀もまた本の内容と呼応しながら、限りないヴァリエーションを示してわれわれの視線をいざない、手に取られることを期待しているのである。ときに固い表紙で身をよろい、ときに柔らかい表紙を羽織るという具合に。また、ある場合には厚い表紙で身をガードし、ある場合には薄い表紙ですませるというように。さらには、華美な意匠をまとったり、逆に質素な装いですませるというように」

つまり、装丁というものは、表紙やカバーで本を汚れや破損から守る、という機能が第一の役割ではあるけれども、それだけではなくて、本の内容に応じてさまざまなバリエーションを示して、われわれの視線をいざなう。つまり、読者の欲望をそこで喚起するものであると言っている。

この視点は、今のデザイン論の中では非常に重要なポイントである。やはり、今の高度資本主義社会の中では、デザインによって欲望が作られ、その欲望によって消費活動が進んでいくが、まさに本も同じように、その外側のデザインによって、読者を誘惑し、読者を魅了する。その役割を装丁が果たしているのである。そのような観点から、装丁というものを見ていくということも大切である。

ちなみに世界中にはさまざまな出版物があるが、日本はおそらく装丁では一番ではないかと思う。「装丁大国」というようにも言えるのではないか。たとえば、欧米系の出版社の本など、装丁はいたってシンプルである。注目すべきなのは、日本の場合には、学術的な本でも立派な装丁をするということである。欧米でもビジュアルな本などは、それなりに凝った装丁をするが、学術系の本はシンプルな装丁である。しかし日本では学術書でもかなりいろいろ凝った装丁をするので、学術書が単なる学術書に納まらない。

現代におけるデザイナーの重要性

現代というのは、まさにデザインによって欲望が生み出されていく時代であるから、編集者もデザインに対するセンスは常に磨いておいて、どんなデザインが今生きているのか、どんなデザイナーが旬のデザイナーなのかを見きわめることは大切であるし、またデザイナーによって個性もあるので、そのデザイナーの個性がうまく本の性格に生かされているかどうかを見ることも、大切になってくる。

現代におけるデザイナーの重要性ということで、デザイナーの意識というものを簡単に見ておきたい。原研哉というデザイナーがいる。彼は二〇〇五年の愛知万博のアートディレクターや、長野オリンピックのデザイナーをしている、日本を代表するグラフィックデザイナーである。その原さんの『デザインのデザイン』という本の中に面白いことが書かれている。デザイナーの意識とはこのようなところにある、というところを見てもらうために掲げよう。

「デザインとは、ものづくりやコミュニケーションを通して自分たちの生きる世界をいきいきと認識することであり、優れた認識や発見は、生きて生活を営む人間としての喜びや誇りをもたらしてくれるはずだ」

このように、デザイナーが目指すのは、デザインを受けとめる人たちが、自分たちの世界を認識し、そしてそこに生きる喜びや誇りをもつことを求めているのだ。本のデザインであっても、そのような観点からデザイナーが取り組んでいるのだ。ともするとデザイナーに頼むときに、使用者のような意識で接する編集者がいる。しかしそれはまったく間違っている。デザイナーはデザイナーとして誇りをもって仕事をしているので、仕事のパートナーとしてデザイナーの仕事を正しく評価しておかないと、結果的には失敗してしまうことになる。

著者にとっての装丁

今の時代でも、著者には意外と装丁についてはよくわからないと言う人も多い。その一方で、装丁にものすごくうるさい人もいる。著者からの装丁の見方の基本として、萩原朔太郎の装丁論について見てみよう。

「書物の装幀といふものは、絵に於ける額ブチみたいなものである。それ自身が独立した存在ではなく、他によつて附属するところの美術なのである。も少し詳しく言へば、額ブチによつて絵が選定されるのではなく、絵によつて額ブチが選定されるのである。

この一事は、装幀に於ける根本の常識である。どんな立派な芸術的の装幀でも、書物の内容と調和しないものは仕方がない。キュービズムや超現実派の絵に、ロココ式の金色燦然たる額ブチをつける人があるとすれば、それは美術の常識を欠いてるのである。この場合に額ブチ自身が、単独の美術として如何に高価なものであらうとも、尚且つそれは芸術上での悪趣味である。『善き装幀』とは、単独の意味に於て『美しい装幀』と言ふことではない。書物の内容する思想、精神、気分、情調、イメーヂ、エスプリ、モメント等の者を的確に全体から把握して、美術的に構成された装幀、即ち言へば『内容の映像』であるところの装幀。それのみが常に善き装幀なのである。」（『虚妄の正義』）

ここにあるように、「『美しい装幀』ではなく『内容の映像』である」といったような装丁は、著者から見た装丁のイメージの原点と言えるだろう。作家などと装丁の相談をしても、このように内容をきちんと出して欲しいと言われる。朔太郎について詩人の平出隆氏のコメントを見てみると、

「朔太郎にとって、装幀とはまず、彼の精神の正確な外在化を果してくれるものでなけれ

ばならなかった。次いでそれは、日本近代の浅薄な文化からへだたって、彼が幻想した『西洋』への趣味的洗練に近づくための、具体的手立てとして必要なものであった。だが、あくまでも、『内容の主題を正確に表象』することが優先したのである」

このあたりの屈折のしかたが、著者から見た装丁論の特徴であるように思う。自分の「内容の主題を正確に表象」することが願望としてありながら、それを超えた自分自身の深層意識といったものを、装丁として表現して欲しいという願望をもっている。得てして著者というものは、このように矛盾しわがままなところもある。それが編集者にとっておもしろさでもあるのだが、そういったいろいろな矛盾を超えて発想していくというところが、「著者にとっての装丁」という、編集者が留意しなければならない点であるように思う。

著者から見たデザイナー

著者がデザイナーをどう見るかという点で、同じく平出さんの菊地信義論を簡単に紹介したい。

菊地信義というのは、現代を代表するブックデザイナーで、詩集から始まって、文芸書を中心に非常に洗練された作品を作っている。平出さんが彼を評して言った言葉がある。菊地さんに対しては、「『文字をあつかえる人』への信頼」があると言う。

「ここでの文字とは、大きさや書体や位置を指示されるだけの客体ではないからである。

文字が書きつけられるまでの内的労働の時間と、書かれてそこにあることとの物理的環境と、多方向から及ぼされ多方向へと散光する社会的な意味と、物としての滅びと――これらすべてをふくんだ有機体としての、ナマモノとしての文字のことだからである。息も し息絶えもする文字を感じられる人が、いまは少ないような気がする」

だからこそ「文字をあつかえる人」として信頼できるという。そして、次のように、菊地さんの文字の扱いを紹介している。

「千の可能が、ひとつの不可能のかたちへひきしぼられてこない」

「『少なくも、これとこれがなければ、この作品は本をはらみえない』というところまで諸条件を削ぎ落としていってようやく、形は生きはじめるはずだ」

「文字を生きるほかない生きものの、身を起すときの一度きりの気息に、その手はふれている」

ギリギリのところで、その文字がなければ本たり得ないようなものとしてのタイポグラフィというものを、菊地氏は突き詰めている、ということを平出さんは紹介している。やはり著者から見たときのデザイナーへの期待というものは、このように自分の本の内容物を適確に表象するような外皮なのである。

こういうギリギリのところでの厳しさといったものが装丁にはあるということを、編集者は理解しておかないと、とんでもない装丁にして、著者とのそれまでの信頼関係が全部なくなってしまうということもありうる。編集センスの問題だけではなくて、日頃の装丁に対する感覚、装丁とは何かということへの感覚をとぎすませておかないと、本を台無しにしてしまうことがあるので注意したい。

編集者からの装丁の考え方

では最終的に、編集者から見て装丁をどのように考えるか。著者、デザイナーとの間のバランスを保ちながら、かつもう一つ、商品価値を高めるものとしての装丁というところを考えなくてはいけない。

著者とデザイナーとの間の理解だけで進んでいってしまうと、極端なデザイン優先の本になってしまう危険性もある。特に著者とデザイナーが親しくて、その間だけでどんどん話が進んでいってしまうと、ものすごくすばらしい装丁かも知れないけれど、書名も読めなければ、著者名も見えない、とんでもなくデザインが浮いてしまって、とても読者としては手に取る気がしないというような本になってしまう危険性もある。だからこそ、著者、デザイナー間のバランスを取りながら、あわせて商品価値とのバランスを図る、という編集者の基本的なバランス感覚というものが重要になってくる。

と同時に、デザイナーのネットワークももっていなければならない。文芸書などで絵を使ったような装丁にしたいときには、誰がよいのか。あるいは学術書などで、落ちついた仕上げにしたい場合には、どのようなデザイナーがよいか。あるいはかなり前衛的な本を作りたいときには、どういったデザイナーがよいか。そういったさまざまなデザイナーの輪を、編集者は組織していく必要があるし、デザイナー自身もその存在がメディアとしていろいろ働きかけているところもあるので、デザイナーを通じた編集者の輪というものもあり得る。

そうしたデザイナーのネットワークも編集者は生かしていかなければならないし、そういったものを通じて、総合的な判断力をもっていなければならない。

六つの実例から

最後にいくつか私が最近に編集した本から、印象深かったものを紹介しよう。

『語りべの海』

これは、作家・詩人の森崎和江さんが、かつて海女さんの暮らしと歴史を聞き歩いた九州・宗像《むなかた》の地を、三〇年振りに訪ね歩いたエッセイ。森崎さんの生き直しの旅でもあるのだが、そのすばらしいエッセイを、ベージュの明るい色に、赤を中心にした華やかな色合いで海を描いている。一目で惹かれていく装丁だ。装丁は、画家で作家でもある司修さん。森崎さんとも長い付き合いだ。

『天地有情』

これは、うつ病で苦しんでいた医者が、回復に向かい生きていく喜びをつかんでいく心境をつづったエッセイ。シンプルに、しかし心に沁みてくる文字が美しい。デザイナーの重鎮・菊地信義さんの作品。

『狂言　三人三様』

いまやブームの古典芸能。その大家と若手のコラボレーションを意図した企画。和風な中にモダンな感じを取り込んだ装丁で、とても評判が良かった。実際には、野村萬斎さんからたびたび注文が舞い込み、デザイナーは苦労した。デザインは芦澤泰偉《たいい》さん。

『栃と餅』

これは学術書である。北は北海道の離島から南は沖縄最南端の八重山諸島まで訪ね歩き、日本人の食の民俗構造を明らかにした本である。

学術書にもかかわらず、渋い中に深い趣を感じさせる表紙だ。デザイナーは、自身、日本各地の民俗を訪ね歩いている中山銀士さん。

『山の雨』

写真集の装丁は難しい。写真を生かしつつ、文字のバランスを考えなくてはならないからだ。ここではデザイナーの発案で、あえて著者に、毛筆で書名を書いてもらうことにした。カメラマンの高野潤さんも、何十枚と「山の雨」という文字を書いた。その結果、ユニークな魅力が沸いてきていると思う。本文レイアウトも含めて、若手のデザイナー後藤葉子さんがブックデザインをした。

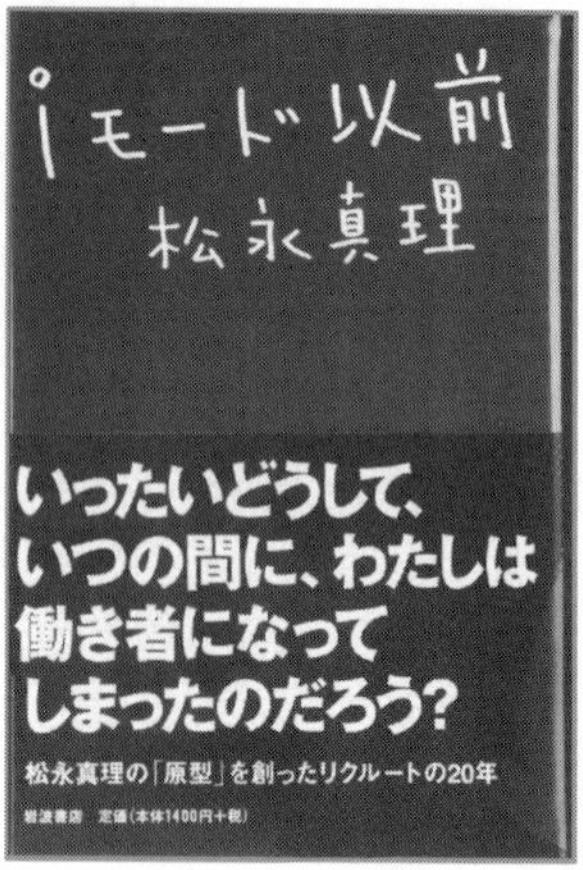

『iモード以前』

かつては『とらばーゆ』の編集長、その後はiモードの産みの親として名高い松永真理さんの、半自伝的エッセイ。ここは大胆に、真っ赤な地に、大きな青い帯。視覚的な印象で迫ったが、実は刊行の時は日韓ワールドカップの真っ最中で、韓国の赤と日本の青という説もある。デザイナーは藤本やすしさん。

どうだろうか。いくつか紹介してみたが、表紙を見て、本を手にとって、読んでみたくなっていただけたならば大成功である。

第5章

時代に楔を打ち込む

――編集者の醍醐味

1　時代と格闘する企画をつくる——岩波新書を例に

「志」の意味

一冊の本が、時代を動かしたり、次の時代を作ったりしていくのはどういうことなのか。ここでは岩波新書を例に考えてみたい。個々の本というより、叢書全体として考えると、それ自体一つの出版の形態であり、岩波新書という一つのメディアとして捉えてみることができると思う。私自身、岩波新書の編集部に長く在籍していたこともあって、新書に愛着もあるし、新書というメディアに関しては私なりの意見をもっていることもあるので、そういう観点から編集者の醍醐味、編集という仕事の醍醐味を考えてみたい。

岩波新書は日本における一つの代表的な出版形態で、新書文化の代表と言い得る存在だと思う。ここではまず、岩波新書がそもそも、どのように創刊されたのかということから見てみたい。そこには、はっきりした「志」があった。

岩波新書の創刊は一九三八（昭和一三）年で、創刊時のスタッフの一人に吉野源三郎という人がいた。『世界』創刊時の編集長でもあり、『君たちはどう生きるか』（岩波文庫）という本も著している、戦前から戦後にかけての著名な編集者だ。

その吉野源三郎氏が、岩波新書創刊時代の思い出を振り返っている文章があり、『岩波新書の五〇年』という本に再録されている。岩波新書創刊の前年の一九三七年というのは、日中戦争が勃発した年である。いわゆる盧溝橋事件が起こり、日本政府が不拡大方針を維持しきれないまま、どんどん泥沼の戦争に入っていく年でもある。吉野氏はその時代にいて、日中戦争で浮き足立っていた新聞などを見ながら、日本の行く末に非常に暗澹たるものを感じていた。

彼は創刊の志をこう語っている。

「とにかく私たち日本人は、この現実を直視しなければならない。そのためには、何よりもまず、日ごとにつのる偏狭な国粋主義の思想に抵抗しなければならない」

こういう思いで岩波新書を始めた。時代に対する一つの明確なメッセージを岩波新書というものを通じて訴えたい、といったところに原点がある。

同じように、岩波茂雄による「岩波新書創刊の辞」というものがあるが、その中にも、非常に印象的なフレーズがある。

「今や世界混乱、列強競争の中に立って日本国民は果して此の大任を完うする用意ありや。吾人は社会の実情を審かにせざるも現下政党は健在なりや、官僚は独善の傾きなきか、財界は奉公の精神に欠くるところなきか、また頼みとする武人に高邁なる卓見と一糸乱れざる統制ありや。思想に生きて社会の先覚たるべき学徒が真理を慕ふこと果して鹿の渓水を慕ふが如きものありや。吾人は非常時に於ける挙国一致国民総動員の現状に少なからぬ不安を抱く者である。（中略）

然るに現今の情勢は如何。批判的精神と良心的行動に乏しく、ややともすれば世に阿り権勢に媚びる風なきか。偏狭なる思想を以て進歩的なる忠誠の士を排し、国策の線に沿はざるとなして言論の統制に民意の暢達を妨ぐる嫌ひなきか。これ実に我国文化の昂揚に微力を尽くさんとする吾人の竊に憂ふる所である」

このように、その当時の時代情勢、とりわけ政府、あるいは軍、財界、さらには文化状況に対して、痛烈な批判精神をもって創刊していることがわかる。今の時代であればこのくらいのことを言うこと自体は自由であると思うが、しかし当時は、狂暴な言論弾圧の嵐が吹き荒れていた時代である。吉野氏の言葉を借りると、

「狂暴な言論弾圧の嵐の中で、その激しい風当たりを恐れずにこれだけの発言をしたこと

は、出版者として並々ならぬ勇気と見識がなくてはできることではありません」

と、吉野源三郎自身が岩波茂雄を称えている。やはりあの時代において岩波新書の創刊の志というのは、まさに時代に対する痛烈なメッセージを届けようとしたものだと言える。

これは一九三七、八年といった時代ではあるけれど、それから七〇年近く経った現在の状況というものを見ると、イラク戦争への関わりとか、憲法への対処の仕方といった一連の動きを見ていると、出版というのは、このような志をまず原点に置いておかなければいけないのではないかと痛感する。偏狭な国粋主義思想への抵抗として岩波新書を発刊したというその志は、今、非常に重要になってきているのではないか。

日中戦争最中の一九三八年という時代に、このようなものが創刊されたということ、いやむしろ創刊していくのだという意志、時代に対する楔をしっかり打ち込んだということ、まさに編集者の仕事としての醍醐味を、そこに感じることができるのである。

戦争最中の一九三八年に創刊

岩波新書創刊は、一九三八年一一月だが、この年はちょうど岩波書店の開店二五年という年だった。それを記念して、岩波新書という新しい叢書を出そうと岩波茂雄や吉野源三郎たちは考えた。

叢書のモデルとしてどんなものがいいか考え、前年の一九三七年にイギリスでペリカン叢書というのが出て、それに非常に刺激され、そのスタイルを元にして岩波新書を発刊したという。一九三七年には日中戦争が始まり、重要な局面を迎えていた。そして一九三八年には「蒋介石政権を相手にせず」という近衛内閣の宣言が行なわれて、国家総動員法が公布される。中国への侵略が進むと同時に、政府の言論統制が非常に厳しくなってくるという時代だ。岩波書店も、この時すでに、いくつかのマルクス主義関係の本の自発的休刊を強要されていた。

そういう時代を背景にして、岩波茂雄は、中国侵略に一貫して反対の態度をとっていた。彼は中国が好きだったというが、それだけが理由ではない。日中戦争をいかにして止めるかという意識を背後にもって、岩波新書というものを模索していた。

その後、具体的に岩波新書の装丁も決まり、内容も決まっていった中で、編集の綱領を定めている。

「一、今日において真面目に生活の問題を考え、つねに何物かを求めている人にとって、真にその肉となり血となりうる生きた知識を与えるものでなければならぬ。
二、あまりにもアカデミックなものや、教科書的臭味を帯びたものは採らず、読みものとして興味深いものでなければならぬ。

三、厳選を旨とし、内容および程度は、専門外の立場からみてこれにふさわしいものでなければならぬ。

四、百科にわたって書目を揃えねばならず、その一々の標題がすでに一般人にとって親しみやすいものでなければならぬ。

五、分量が厖大で読者を倦怠させるようなものは除き、原則として分冊をさけねばならぬ。

六、全体を一貫して同一水準を保つことにつとめ、たといよいものもこの双書に一致しないものは入れてはならぬ。

七、定価は一定して能う限り低廉にし、その体裁は簡易なものでなければならぬ。

要するに現代人の生活にとって、その活力を増大し広潤なる気宇と正しき生長力とを養成するがごとき良書を選択し、現代文化の一象徴たる百貨店式に、多種多様に取揃えて廉価に供給する方針をもって今日の日本人の精神的餓渇を醫することに努力すべきである」

この綱領というのは、新書というものの性格を非常によく表している。これは今においても全く古びていないし、おそらく今、新書を編集する綱領をつくるとしても、全くこれと同じことで差し支えないと思うくらいだ。それだけこの綱領は的確だった。

さらに別個に、編集の指針がある。かなり重なっているところがあるが、参考のために挙げてみる。やはりその時代が感じられるし、岩波茂雄の「思い」が出ているので面白い。

(一) まず島国根性からの解放を謳い、広濶な気宇のもと、国際認識をもつことを目ざす。

(二) 官制の強制的なイデオロギーを排除する。

(三) 自然科学、社会科学の新知識の獲得、このため、単なる学問の解説でなく、その探究の面白さを、平易な言葉で、さらに調子をおとしたものであってはならない。

(四) 生活常識、社会常識にも目をひらかせ、生活の活力を生み出す生活文化の新しい育成を考える。

(五) このためには学者、知識人、文化人と民衆との接近を積極的に計る。

(六) 現実の時事問題にも接近を試み、特に中国問題への理解を歴史的・理論的に解明し、正しい認識が得られるようにする。

(七) とりあつかう分野を広げ、百貨店方式を意図する。

綱領と指針はそれぞれ七ヵ条ずつ挙がっているが、非常に意味深いものがあると、編集の現場にいた者として思う。綱領の方がやや原理的で、指針の方がもう少し具体的な編集方針となっている。これは岩波新書のものであるが、あらゆる編集者にとって、新書という枠を超えて重要な指摘である。

岩波新書のベストセラー

岩波新書はすでに歴史を背負ってきた一つのメディアとして存在している。戦前に出たいわゆる「旧赤版」と言われるものは約一〇〇点ある。戦後には「青版」新書というものができて、それは一〇〇〇点ある。その後「青版」が一〇〇〇点になったのを期に、「黄版」は、ちょっと中途半端な数字だが三九六点、一一年間出た。そして、その後一九八八年からは「新赤版」になり、それが二〇〇六年四月に一〇〇〇点を迎えたのを期に、新装赤版としてリニューアルをした。

岩波新書としてどんなものが売れているのだろうか。今までの累計出版で、創刊から売れたものの順に並べたベストテンがある。それによると、岩波新書で一番売れたものは永六輔『大往生』だ。これは一九九四年に出たもので、二〇〇万部を突破している。その次に売れたのは、一九九九年に出た大野晋『日本語練習帳』で、これは二〇〇万部近くいっている。この二冊は、岩波新書の「新赤版」だが、第三位以下は「青版」が続く。

その「青版」の上位を挙げると、三位が清水幾太郎『論文の書き方』、四位が梅棹忠夫『知的生産の技術』、五位が井上清『日本の歴史』、六位が丸山真男『日本の思想』、七位が桑原武夫『一日一言』、八位が藤原彰・今井清一・遠山茂樹の『昭和史』となる。その次の九位が吉田洋一『零の発見』で、これは初代の「赤版」だ。一〇位が吉川幸次郎・三好達治『新唐詩選』で、ここまでが創刊以来のベストテンだ。ちなみに一一位が斎藤茂吉『万葉秀歌』、一二位が桑原武夫『文学入門』というふうに続く。

ここでびっくりするのは、『大往生』『日本語練習帳』を除くと、ほとんどが一九五〇年代から六〇年代にかけての本だということだ。たとえば『論文の書き方』は一九五九年、『知的生産の技術』は一九六九年だ。

さらにデータを挙げると、一九八六年に、同じように岩波新書ベスト一〇〇というのを調べている。それを見ると、一位『論文の書き方』、二位『知的生産の技術』、三位井上清『日本の歴史』、四位『万葉秀歌』、五位『一日一言』、六位『昭和史』、七位『新唐詩選』、八位宮城音弥『心理学入門』、九位『日本の思想』、一〇位『零の発見』、一一位『文学入門』というふうに、ほとんど変わっていない。

さらにその一〇年前の一九七七年のデータを見ると、これも、順番は多少変わっているが、書名はほとんど同じだ。一位『論文の書き方』、二位『万葉秀歌』、三位『一日一言』、四位『日

本の歴史』、五位『心理学入門』、六位『昭和史』、七位『知的生産の技術』、八位『新唐詩選』、九位『零の発見』、一〇位『文学入門』、一一位『万葉秀歌（下）』。

さらに一九六七年のデータも、かなりの部分は同じだ。多少違っているのが三木清『哲学入門』が入っていたり武者小路実篤『人生論』が入っていたり、一一位に天野貞祐『学生に与ふる書』が入っているところである。

つまり、一九六〇年代に出た本や、少し前の一九五〇年代に出た『万葉秀歌』『一日一言』『新唐詩選』などが入っていて、岩波新書の定番書目、つまり上位に上がるような本は、案外固定されているということがわかる。しかも実は一九五〇年代六〇年代に出た本が、そのまま今でも売れているという。ものすごいベストセラーであると同時に、ものすごいロングセラーなのである。このあたりが岩波新書の特徴であろう。なかなか他社の新書には、ベストセラーというのは出ても、ロングセラーというのは出にくいのかもしれない。最近のベストセラーというものもいろいろあるが、五〇年代、六〇年代の本が今でも上位を占めているといったあたりは、ちょっと驚いてしまう。

しかし考えてみれば、六〇年代は高度成長の真っ最中である。経済の発展が進む中で、それに見合った知的文化への希求もあったのだろう。青版新書の上位を占めている本というのは、まさにそうした知的好奇心を満たすようなオーソドックスな教養書である。さらに言えば、岩波新書だけでなく、岩波講座のシリーズが、市民向けに学問世界への案内として、ベストセラーになっていた。この時代は、大人だけでなく高校生までもが新書を読み競っていた時代である。知的世界への入門書として、岩波新書は確固とした地位を占めていた。

新書の基本性格

岩波新書の基本的方針は、「現代人の現代的教養」というところにある。それゆえに、いわゆる岩波新書の定番であるような教養書目は、歴史を超えて読みつがれていくものになっている。だからまず第一に、歴史に耐え得るような現代的教養というものを常に編集者としては追求しなくてはいけない。それから、先ほどの指針の中にもあるが、単に書き手の側の自己満足ではなく、現実の時事問題や、民衆との接近といった、そういう現代性も必要である。必ずしも教養のための教養ではなく、読者にとっての知的欲求を満足させるものであり、何らかの具体性とアクチュアリティをもっているようなものが必要である。

第二に、最近ではかなり実用的な新書の需要が高まっている。たとえば、岩波新書で言うと、文字通りのハウツーもの、たとえばパソコンの使い方のようなものもあるが、『日本語練習帳』

のような、ある意味で教養的であり、かつある種の実用性があるもの、そこには言葉の扱い方を具体的なＱ＆Ａ方式で書いてあるが、こう言った一種の知的実用性のあるものは非常に需要が高い。先ほどのベストテンにも上がっていた梅棹忠夫の『知的生産の技術』もそういうものだし、あるいは清水幾太郎の『論文の書き方』、これもある種の知的実用性をもっている。こういった知的実用性というものも、新書の一つの大きな柱だ。

三番目に、これは最近非常に増えているのだが、いわゆる読み物、あるいはエッセイで、教養とか知的実用とかという硬いことは抜きにして、ある種のエンターテインメントと言ってもいいような、面白さを追求していく方向性も出てきている。その典型が『大往生』で、かつてであればなかなか岩波新書には入ってこなかった書目だ。やはり新書という器の枠が広がっている。新書というものを通じてさまざまな文化発信をするのだ、というふうに考えていく場合には、こうした読み物というものも、今後は一つの大きな柱になっていくだろう。二一世紀になって各社の新書が乱立する「新書戦争」時代になると、著者の争奪戦によって、あらゆるものを取り込む媒体としての新書、という様相を呈してきている。この「新書戦争」については後でまた触れる。

新書の場合、企画においては、乱暴に言って読者層というものは考えない。新書というのは単行本と違って、一点一点の読者層を考えるというよりも、まず新書としての読者層というのがある。ある特定の読者を想定しては駄目で、新書企画としての一般性があるかどうかということを、まず大前提として考える。その上で、企画ごとに、さらにどんな読者がつくかということを考える。その辺が新書における企画の発想の特性かもしれない。

編集者にとっての新書

編集者の観点から技術的に見た場合、一番大きな新書の特徴は、型が決まっているということだ。

まず新書版と言われている判型で、大きさが決まっている。多くの新書で、微妙に変わることはあっても、基本的な装丁はどの本も同じだ。原稿枚数は四〇〇字換算で二五〇枚程度。もちろん例外として、分厚い新書が出たりすることはあるが、基本的には二五〇枚の原稿分量に決まっている。岩波新書だけではなくて、他社の新書でもそうだ。そうした外形的要素はすべて同じで型が決まっている器だ、ということになる。

逆に言えば、中に何を盛り込むかによって、いかようにも変わり得るものだ。装丁とか造本とかレイアウトなどといったことによってアクセントをつけられない分、内容によってどういう本にしていくかという、編集者の腕試しになる。編集者の腕次第で、どのようにも変わり得る。そういう意味で言うと、編集者のアイデア勝負であるし、実力勝負だ。そういった編集者の力量が問われる媒体である。

外側が決まっているだけに安易に企画を立てることもできる。一番安直に考える例として、誰でもいいが、ある歴史学者のところへ行って、「来年のＮＨＫの大河ドラマは○○○なので、○○○について二五〇枚で書いて下さい」というだけで、一冊の企画になる。

そういう意味で、企画の発想自体はたやすくできる。しかし、そこまでは誰でも思い付くので、そこからどういう本に作り上げていくかというところで編集者の力量が問われる。同じテーマを各社が追いかけるということはままあるし、そういう中で、どう個性的な本を作るか、あるいはどういう新しさをその本に盛り込むかという編集者のテクニック、まさにそれこそが編集者の力量だと思うのだが、それがシビアに問われてくる。企画立案の一見したところの安易さ、しかしその背後にある深さ、そういった点で、新書というのは編集者を鍛えてくれる場である。

私の個人的な経験から言っても、新書の編集部に約八年間在籍し、その間にいろいろなものを作ったが、その中のいくつかは、自分にとってターニングポイントになった。編集者として考えた場合、新書というのはその腕が試される非常に厳しい媒体だった。型が決まっているにもかかわらず型を破らなければならない、ということを編集者として常に考えていたものだ。

私が作った中で、水木しげる氏の『妖怪画談』という岩波新書がある。岩波新書として初の、おそらく教養系の新書としても初だと思うのだが、オールカラーで作った。彩色した綺麗な、しかもものすごく細かいディテールを書き込んだ妖怪画があり、それぞれに短い妖怪紹介のコメントを付けている。

カラー版『妖怪画談』の新しさは何か。新書というのは基本的には、さっき言ったように型があって、四〇〇換算二五〇枚の分量でできている、というようなことを全部逆手にとって、絵による大胆なレイアウトで、見せる新書というものを、しかもカラーで作るということで、自分なりの一つの新しさを出してみた。猛暑の年のとりわけ暑い夏の最中に出したのだが、非常によく売れ話題になった。ＮＨＫの夜のニュースにも『妖怪画談』が売れたことが事件として取り上げられたほどである。

また九〇年代、バブル経済に浮かれ、ブランド品が溢れかえって、ぽんぽんお金を使うことが当たり前のような時代風潮があったときに、『豊かさの精神病理』（大平健）という本を作った。当時、一種のブランド依存症のような患者が、精神科に多く訪れるようになっていた。それは深刻な病気ではなくて、簡単な人生相談というのか、ちょっと学校の先生に相談するという雰囲気で、患者が精神科をどんどん訪れる。精神科医の人が、そういう患者に会ってみると、持ち物や衣装、あるいは車や家具など、ブランド品の話ばかりをする。そういうふうに物に依存し、物を通してしか自己を表現できない人間というもの、そのおかしさ、奇妙さを精神科医が指摘した本だったのだが、よく売れて、今でも売れ続けている。一つの時代に対する問題提起として出した。

同じくバブルの頃に、土地がどんどん値上がりし、ごく普通のマンションが何億という値段で取引きされたり、日本全国の各地にリゾート・ブームが沸き起こり、たとえば新潟県の温泉地の越後湯沢に、東京都湯沢町と言われるくらいにマンションが乱立したりした時期があった。そういう現象の奇妙さを暴く、と同時にそういう土地バブルは必ず崩壊する、ということを予言したかなり先駆的な本として『リゾート列島』（佐藤誠）という新書を作った。

当時はリゾート・ブームの最中で、土地を買わない人間はバカだとか、株を買わない人間は人間でないとか、そういうことが言われていた。しかし、そのことが現実的にも経済的にもおかしい、あるいは人間的にもおかしい、バブル経済の土地投機は国土を衰退させ、日本人の人間性を喪失させていく、ということを鋭く指摘した本だったが、大変よく売れた。リゾート・ブームの時にリゾート批判をする、というようなことがアピールできたと思う。

もう一つ『平泉』（斉藤利男）という新書。岩手県の平泉、今は遺跡として保存されているが、当時はちょうど遺跡が発見されたばかりであったが、発掘が進むにつれて、これが実は貴重な遺跡で、奥州藤原氏の中心的な土地だったという実態が明らかになってきた。だが遺跡そのものは河川の堤防工事のために壊してしまう、という前提で遺跡発掘が進められていた。しかし、これだけすごい遺跡が出てきたのにそれを壊すのはとんでもない暴挙だ、ということを地元の人とともに歴史学者や考古学者たちが訴えていた。私自身も現地に行って見て非常に感銘を受け、『平泉』という新書を作った。

これもやはり、当時大変よく読まれた。これは直接には遺跡保存を訴える本ではないのだが、遺跡の重要性をこの本によって伝えることができ、結局その遺跡は保存されることになった。河川の堤防計画を変更し、堤防を作るということに成功した。平泉というのは現・民主党の小沢一郎の選挙区で、彼が動いたことで計画が変わった、ということも実はあるようだが……。ともあれ、本というものが一つの運動にとっての重要な支えになるということを経験することができた。

　このように、新書というのは小さな本だけれども、社会的な影響力の強い媒体なので、この小さな器に何を盛り込むかというところで編集者の力量を試すと同時に、まさにそれを編集者の醍醐味として感じることができる。

新書戦争の世紀

二一世紀にはいって、新書創刊ラッシュはものすごく、「新書戦争」と呼ばれる状況になっている。教養系の新書は、一〇年位前までは、いわゆる御三家と言われていた岩波新書、中公新書、講談社現代新書の三つが中心だったのだが、その後、ちくま新書、平凡社新書が参入し、さらに集英社新書、文春新書、光文社新書、そして新潮新書が参入してきた。その他ＰＨＰ新書とか洋泉社新書など、いったい何社がやっているかわからないくらいの新書ブームだ。

　このブームをどう考えるかというと、新書的な教養を求めている人が増えているというよりは、一種の廉価本ブームなのではないかと思う。かつてであれば、二〇〇〇円から三〇〇〇円程度のある程度しっかりとした本を読もうとしていた読者層というものがあったと思うのだが、今はもう本当にハンディで簡単に読めるような本、そして安く読めるような本、というふうに読者の需要が変わってきたように思う。新書ブームといって話題になっているが、その実情をよく考えてみた場合には、ちょっと寒々しいものがある。むしろ、出版文化全体として見た場合には、必ずしも喜ばしい現象ではないのではないか。

かつてのカッパブックスとかノベルスなども広い意味では新書であり、そういう方向と教養系新書とには、しっかりとした棲み分けがあった。新書と同時に、四六判やB6判のハードカバーの単行本というものがあって、それぞれに意味をもっていた時代があったと思うのだが、今や何でもかんでも新書に入ってきている。そういう意味だと、先ほど言ったような新書の特徴である教養、実用、読み物という三つのカテゴリーの境界が、きわめて緩やかになっていって、かつ読み物的なもの、実用的なもの、という方向にどんどん広がってきているのが現状のようだ。

しかし、そういう中でも、新書のベストセラーというものが多くある。新書というのはベストセラーの温床だと思っている。たとえば最近で言えば『バカの壁』であるし、ちょっと前で言えば岩波新書の『大往生』『日本語練習帳』もあった。カッパブックスにはちょっと前までは『冠婚葬祭入門』（塩月弥栄子）というのがあり、これは歴史的なベストセラーと言われ続けてきた。また新たな実用的な大ベストセラーとして『上司は思いつきでものを言う』（橋本治、集英社新書）、『さおだけ屋はなぜ潰れないのか？』（山田真哉、光文社新書）なども生み出されている。新書というのはハンディな媒体なので、上手く読者をつかめば、あっという間にベストセラーに展開するだけに、楽しみは尽きない。

2　歴史に残る企画をつくる――ロングセラーとベストセラー

一〇〇万部の夢

編集者にとって一〇〇万部の夢というものがある。昨今ではミリオンセラーは随分減ってきて、ミリオンセラーという言い方もメガヒットという言い方に変わってきた。

しかし今でも、『ハリー・ポッター』の第五冊目が出たとき、いきなり二四〇万部から始まっている。近年では、『バカの壁』は言うに及ばず、『冬のソナタ』（キム・ウニ、ユン・ウンギョン、宮本尚寛訳、日本放送出版協会）、『グッドラック』（アレックス・ロビラ、フェルナンド・トリアス・デ・ベス、田内志文訳、ポプラ社）のヒット、さらに芥川賞を取った『蹴りたい背中』（綿矢りさ、河出書房新社）が一〇〇万部を超え、同じ芥川賞の『蛇にピアス』（金原ひとみ、集英社）も数十万部というところまでいっている。『世界の中心で愛を叫ぶ』（片山恭一、小学館）も大ヒットした。そして『ダ・ヴィンチ・コード』は一千万部を超えたという。

さらに近年の話題作でいうと、『世界がもし一〇〇人の村だったら』（池田香代子、マガジンハウス）とか『13歳のハローワーク』（村上龍、幻冬舎）、『生きかた上手』（日野原重明、ユーリーグ）、さらにその前だと『五体不満足』（乙武洋匡、講談社）といった一〇〇万部を大きく超えているような本が出ている。

そういう意味で、折々にベストセラーというものは生まれている。もちろん、本というのは、その価値は部数とは別のところにあるが、数が価値を生むということもあり、編集者として一〇〇万部という夢はどこかで追い続けていきたいものだ。

ネーミングの上手、下手

商品としての本ということを考えた場合には、書名の付け方は重要である。上手な書名をうまく付けることによって読者に訴えるということが重要になる。よいネーミングとはどういうものか、ということを考えてみたい。

最近の例で言うと、『バカの壁』、これはうまいタイトルだと思う。というのは、「バカ」というような、ある意味で禁句とされている言葉を逆手にとって付けてしまっている。世界的な脳学者に、あえて「バカ」という禁句を言わせるという手法がうまくいっている。

それに対して『大往生』という岩波新書のベストセラーがある。『大往生』というタイトルを付けたときには、私も新書編集部にいたのでよく憶えているのだが、著者の永六輔氏から、新書をいろいろ見ていると、漢字二文字の本とか、もっと長い書名などはあるけれども、漢字三文字の本というのがない、三文字というのはいいんじゃないかと言われた。『大往生』というのは漢字三文字で、「これがいいんだ、漢字三文字がいいんだ」ということを、そのころ永さんがしきりに言っていて、事実大ヒットになった。

最近では「力」というのを付けて、「〇〇力」というのが流行っている。たとえば岩波新書では斎藤孝氏の『読書力』というのがあり、これもよく売れている。しかし、「力」というのを本で最初につけたのは、新書ではないけれども赤瀬川原平氏の『老人力』（筑摩書房）ではないかと思う。漢字三文字のシンプルさが、新書のシンプルさとも加わって、「〇〇力」というタイトルの新書が流行したのではないだろうか。

禁句を逆手に取るというので言うと、講談社の『五体不満足』もそれに近い。これは、いわゆる健常者が使った場合には、差別表現に近いニュアンスもあるのだが、当のご本人が使うということによってよりインパクトが強くなってくる。障害をもつということを逆手にとって、そのハンディキャップを有利に生かすという、そういうすごみを感じさせる書名である。

古典になるもの

もう一つの編集者の夢としては、古典として未来永劫残るようなものを作っていきたいということがある。岩波文庫では、古典を書目に加えるということを使命としているが、それは古典になったものを入れる器なのであって、古典を作る場ではない。

そうではなくて、今自分が作る本が古典になっていくことを、編集者としてはどこかで願っている。本当に歴史に残るような本を作って、それが残っていくとすれば、それこそ編集者の醍醐味というものだ。たとえば「源氏物語」みたいなものを、当時は編集者はいなかったが、もしも現代で作ることができたら、それはものすごいことだ。本当の意味で編集の喜び、醍醐味というものをそこから感じることができるだろう。

だが現実には逆のことが多い。一時期、猛烈な勢いで売れ、次々にベストセラーとなった作家が、一時代が過ぎるとすっかり忘れられるということはよくある。また、芥川賞作家のうち何人の作家がコンスタントに作品を発表しているだろうか。そう考えると、時代を超えて残る古典の編集ということの難しさがわかる。

また、文学作品などではとりわけ大事なことだと思うのだが、新人を発掘していく仕事、あるいは、本当の意味で価値ある作品を見抜く力、いわば先を見る能力というものが、実はそこで非常に必要になってくる。古典になるようなものを編集するためには、そういう編集者の眼力というものが重要だといえる。

それには、メジャーな雑誌だけでなく、マイナーな雑誌やローカルな出版物をも貪欲に漁り、小さなパンフレットの類にまでアンテナを伸ばしておくことが大事である。もちろん、そこから原石を見抜く力が必要なのだが、それは経験とカンというしかない。それを裏付けるのは、じつは根拠のない自信である。自分がいいと思ったものは絶対に世に受け入れられるのだ、受け入れられないとすれば世の中が遅れているんだというくらいの自負をもって新人を発掘していくことが肝要である。結果は後からついてくる。

3　総合プロデューサーになろう

最近の編集者、あるいはむしろ今後の編集者の一つのあり方として、一種の総合プロデューサーとして振舞うというタイプがある。

一例を挙げると、講談社の企画で、テレビで放映していたから見た人もあると思うが、五木寛之氏の『百寺巡礼』という本を中心としたプロジェクトだ。

編集者はまず、五木さんと一緒に日本全国の百のお寺を歩き回る、という本の企画を立てる。これは実際に五木さんが百のお寺を回って、お寺に関するエッセイを書き綴るという企画なのだが、ただそれだけではない。

まず本にする。次にこの「百寺巡礼」をテレビ番組にして放映する。今度はそのテレビ番組を、ＤＶＤにして売る。テレビは視聴率があまりよくなかったらしいが、このＤＶＤは大変よく売れているらしい。日本人のお寺好きというのがあって、そこに五木さんの声がかぶさって、

DVDになるとよく売れているという。

次に五木さんが実際に歩いたお寺巡りのツアーを、旅行代理店とタイアップして企画する。また観光ガイドブックを作る。さらに、お寺にはそれぞれ宝物があるわけだが、その宝物をもとにした展覧会をやる。ついには論楽会といって、五木さんが実際に行った百寺巡礼を記念してトークと音楽の開を開く。

五木さんの百寺めぐりを素材にしながら、本、テレビ、DVD、ツアー、ガイドブック、展覧会、論楽会と、一回で七回美味しい、いわば総合企画である。これを企画したのは講談社の豊田利男という一人の編集者で、つまり彼は、総合プロデューサーとして一連のシリーズの企画を展開しているのだ。これが編集者としての志、時代に対する志として考えた場合、かつての編集者像と比較してどうか、という疑問を投げかける人もいるが、こういう仕事も、一つの時代、一つの文化を創るという役割を、現実としては大きく果たしているわけだ。紙媒体というのはこの先将来的に厳しいという時代を見据えていくと、編集者の役割はこういった方向に大きく広がっていくのであろう。

現代は、文化というものを、必ずしも紙媒体の本や雑誌というものに限定しないで、そのノウハウをもとにしてさまざまに展開していく能力、プロデューサー能力というものが本当に必要になってきている時代だと思う。

かつて伊勢神宮に御師《おんし》という人たちがいた。江戸時代の伊勢御師たちは、伊勢神宮の門前に自分の屋敷をもっていて、全国の村や町を回り、日本中から信者を組織して自分のところに連れてくるという、今でいう旅行代理店のようなことをしていた。伊勢に着いてからは、伊勢神宮の一種の代理として祈祷などの宗教行事もやる。夜になると芝居に連れて行ったり、男連中に対しては遊郭に連れて行ったりといった、それこそ宗教と旅行と娯楽の総合プロデューサーみたいなことをやっていた。

そういった伊勢御師のような能力も、今後は編集者には求められていく、そういった時代が来つつあるのかもしれない。ある時代を動かすような企画、あるいは時代をつくるような企画というのは、つきつめていくと、こういったようなところに行き着くのだろうか。

著者とはどんな駆け引きしてるの？

カワカミセンセイの授業から 4

――やはりお酒は呑めなきゃいけないんですよね？

「呑めるならそれに越したことはないけど、人それぞれだよね。下戸でも下戸なりの付き合い方はあるよ。ウーロン茶だけで一晩騒ぐ人もいるからね」

――お酒を呑みながらどうやって著者と交渉するんですか？

「うーん、どうやってと言われても説明するのは難しいなあ。ただ、ずーっと仕事の話をしてるわけじゃない。呑みながら二時間話したとして、そのうち仕事の話は五分くらいかな」

――えっ、たった五分ですか？

「そう。話の流れを崩さないように気をつけながら、ここだというときに五分だけ集中して仕事の話をしてしまう。でも、ちゃんと相手も、その五分はしっかり聞いていて、それが後の作業の時間にボディブローのように効いてくるんだよね」

――相手の表情を読んで、ここだと思うとき、短期決戦で勝負するわけですか。

――あ、もしかしたら、それって、男の子が女の子に『つきあってください』っていう時のタイミングの見計らいみたいなものですか？　だって、最初から、『交際してください』とか言われてしまうと、ひいちゃうこともあるものね。

「そうかもしれない（笑）。君、スルドイね。いい編集者になれるかもしれないよ」

――残りの時間はどんな話をしてるんですか？

「あとは色々な雑談だね。むしろ、この雑談の方が大切なんだ。著者はいろんなテーマをもっている。雑談しながら、面白そうなものを目ざとくつかまえて、いかに著者に対して打ち返していくか。そこがうまく当たれば次の企画へとつながっていくんだよ」

――でも、やっぱり、そういうヤリトリって、むずかしそうですね。

「まあ、そうなると、経験だからね。でも、そういうケースばかりじゃないよ、大物の誰もが怖がる著者のところに、新人の編集者が訪ねていって、簡単に原稿をもらえてしまった…ということだってある。それぞれが自分の立場や自分のもっているものを使って、著者に向かい、『いかに書いてもらうか』ってことだと思うよ」

――『書いてもらう』んですか？　書いてもらう中身は編集者がもっていくってことですか？

「そこも、話は深くなるんだけど、僕なんか著者が書きたいと思っていることを、引き出すのが編集者だと思っているから」

――そこにいる著者を使って、書かせているのは、編集者なんですか?

「そこまでいってしまうと言いすぎかもしれないけど、実はそうかもしれない。著者自身がまだ気がついていないことでも、『あなたはこういうことを書きたいんでしょ、書けますよね』って気づかせてあげて、書かせてしまう」

――書いている人が混乱してきたりすることってあるのではないですか?

「実際には、著者が混乱していても、それを整理してあげるのが編集者だから、はげましたり、元気づけたり、悩みを聞いたりしながら仕上げてもらっていくんだね」

――聞けば聞くほど、楽しそうな話ですね…。

第6章 表現の自由を考える

——出版をめぐる問題

1　表現の自由と人権のはざまにいる編集者

代表的な差別

差別の問題というのは、編集者をしているといろいろな折に直面する。そこでまず現在日本における代表的な差別事例をいくつか挙げて、あらためて確認しよう。

まず一番目には部落差別がある。これは関東以北では比較的馴染みが薄いが（もちろん関東にも東北にも厳然としてある）、関東以西では現在でも非常に重大な問題となっている。

次に職業差別がある。これも深刻である。職業差別というのは部落差別と関連していることが多い。

ついで、人種／民族差別がある。たとえば黒人に対する差別であるとか、アジア人に対する差別などが挙げられよう。民族差別についていえば、日本では、在日朝鮮人に対する差別、中国人に対する差別などがある。外国に目を転じてみれば、ユダヤ人差別をはじめ枚挙に暇がない。民族差別と似た現象に宗教差別がある。ムスリムとクリスチャンの相互の差別と憎悪は、一九九〇年代にボスニアで繰り広げられた内戦状態やインドネシアで起こった宗教抗争など、これも世界中に存在する。パレスチナでは、民族差別と宗教差別が複雑に絡んでいる。

次に、似たような問題として、先住民に対する差別というものがある。これは日本では、アイヌ差別である。あるいは先住民ではないが、つい最近までは多かった沖縄出身者に対する差別などが挙げられる。

さらに性差別がある。これは女性差別、同性愛者への差別など、性が関係する差別である。障害者への差別もある。これは、精神障害者、身体障害者のいずれに対しても存在する。

差別事件と差別表現

こうした差別はなかなか目に見えにくいように思われるが、今でも毎年のように差別事件が起こっている。ある例を挙げたい。斎藤貴男『安心のファシズム』（岩波新書）に挙げられている事例である。二〇〇三年五月のこと、部落解放同盟の事務所や関係者の自宅に、葉書、封書などの手紙が大量に送られてきた。いずれも同じ筆跡で、一〇〇件を超える手紙が届いた。その内容の一部を引用しよう。

「東京食肉市場というときこえがいいけども、ようはと殺場、ブタ殺しの職えた（えたは人間でないので職人ではない）のバカどもへ。お前たちは自分たちえたより上とうな動物であるブタを殺している血も涙もない残酷な生き物だな。えた、非人はノミ、ウジ、ゴキブリ、ハエ、シラミ、SARS菌なんかよりも下とうな単細胞生物である。もちろん人間でないのでお前らには人権なんて高貴なものはない。したがってえた、非人を殺しても刑法一九九条の殺人罪にはならず犯罪ではない。逆にどんどんえた非人、在日チョン、不法外国人、こじき、山谷労働者は殺さないといけない。こいつらは有害無益、日本の諸悪の根源であるから。（中略）

ははは、私が誰だか、つきとめてみるか？　糾弾なんて絶対に受けないよ。だってえた非人と同じ空気なんて汚くて臭くてすえないもん。ハハハ、この手紙を読んで楽しかったでしょ。又、書いてやるからな。非人。もっともその時には全国三百万ひきのえた非人は全員駆除されてこの世にはいないと思うのでもう書けないな。ブタ殺しの連中は明日も血も涙もなくブタを殺しへと殺場へ行く。えた非人やっぱりこわいこわいバーカ」

このようなきわめて悪質な内容の手紙が、今でも届くのだ。さすがにこの投稿者は逮捕され、裁判で実刑判決を受けた。

極端な例なのではないかと思うかも知れないが、こういう例は実際に今日でも多く存在する。このような手紙が部落解放同盟という運動体に多数送られていることを見れば、部落差別が決して過去のことではなく、まさに今進行していることだということがわかる。こういった差別は、匿名の手紙であるとか、トイレの落書きによく見られるが、今日では、インターネットの掲示板の一部に差別表現がきわめて多く見られ、重大な問題になっている。

このような差別事件が、今現在、実際に起きているのだということを知った上で、表現の自由という問題を考えなければならない。決して過去の問題ではない、ということが最も重要である。

差別表現とは何か

では、そのような観点から見て、差別表現とは何かを考えてみたい。その際、カテゴリーは二つある。差別語と差別表現である。最初のポイントとして、このことをまず確認しておこう。

差別語というのは、文字通りその言葉自体がある差別性を孕んでいる言葉である。たとえば、先ほど出てきた「えた・非人」という部落差別に関わる言葉、あるいは「めくら、つんぼ、おし」といった障害者差別に関わる言葉など、言葉そのものが差別性を帯びている言葉である。これらについてはまず、その言葉自体を使うことの必然性を慎重に判断する必要がある。もちろんある歴史的事実や問題提起のために、触れなければならない場合がある。その場合には、その言葉を使わなければその事柄を説明できない、ということも充分あり得る。したがって使用する場合には、たとえばカッコを付けることで使う意図を明らかにしたり、その使用の必然性を説明するなど、その言葉が言葉自体として流通しないような配慮をする必要がある。

ただ、この差別語というのは、ある意味ではわかりやすい。著者の側もうっかりしてつい使ってしまう、というようなこともあり得る。最近では著者も注意しているが、編集者としてチェックが必要なところである。その際、言葉狩りのように、安易にそれらの言葉を排除して済ますことはしてはならないのは当然のことである。そのためには文脈を十分に吟味して使用する必要がある。

より難しいのが、差別表現である。言葉というものは生き物であるために、使われている状況によって、差別性を帯びてしまう。同じ言葉であっても、全く差別性がない場合もあれば、使われ方によっては差別性を孕んでくるというケースも出てくる。むしろこのような意味で、差別表現の方が判断が難しいと言えるだろう。

典型的な例として、比喩がある。ある差別されている対象を比喩として使う用法である。「〜のように〜する」というかたちの典型的な例として起きてくるのが、「戦場の様子はまるでと殺場のようだった」というような表現である。ここでは、典型的に残虐なシーン、状況の説明として「と殺場」という表現を使っている。ということは、「と殺場」というものは、まさに戦場のように人間性のない場で、しかもそこで働いている人たちは、殺人者と同じように血も涙もない冷酷な人間である、ということを言っているに等しいわけである。実際には我々に必要な食肉を提供している人たちで、我々と全く変わらない生活を送っている。

このように、比喩的な表現において差別表現が多発する傾向がある。この場合は「と殺場」のような言葉が入っているので注意するわけだが、むしろ明確な言葉は入っていないけれども、差別性を帯びている、というケースが多々ある。したがって編集者としては、原稿を読む際に、扱われている表現内容がどのような文脈で使われているのか、差別性はあるのかどうかを、しっかりと読み取らなければならない。

では、どのようにすれば表面から隠れている差別性を見出すことができるのか。これは非常に難しい問題で、抽象的にしか言いようがないのだけれども、一つには、現代においてどのような差別が現に存在していて、その人たちがどのような差別を受けて苦しんでいるか、それを知った上で、そういった差別を受けている人たちに対して、編集者がどれだけ想像力をもって、差別というものを受け止めることができるか、ここが鍵である。その想像力というものが働いてくれば、被差別者の置かれている状況であるとか、何に対してその人たちが怒りをもっているのか、そういったことが理解できる。そのような意味で、被差別者に対する想像力をどれだけもつことができるか、他社への想像力をいかにもつかということは、編集者にとって非常に重要なことである。

出版社によっては、制度的に差別をめぐる研究会を行なったり、あるいは現地研修というかたちでいろいろな現場に行く場合もあるが、そういった上からの制度的な指示以前に、編集者としては差別に対する意識を常にもっていなければならない。

次の問題として、そのような差別表現ないし差別語が出てきた場合に、編集者はどのように対応するのか、ということが出てくる。ここで一番いけないのは、安易な言い換えである。新聞社や放送局にはよくあるのだが、言い換え集というような冊子が用意されていて、このような言葉が出てきたら、このように言い換えなさい、というように書いてある。差別に対する想像力を全く働かせなくていい、思考力もいらない、そのような安易な言い換えというものが、逆に最も差別を温存する。

究極の目的は、差別をなくすことであるわけだから、たとえその著述の内容が差別を扱ったものでなくとも、編集者としては、常に差別あるいは差別表現を根絶するという意識をもって向かわなくてはならない。ある表現が差別を助長するものかどうか、それに関してはいくら考えても、考え過ぎることにはならないと思う。

もしも編集者が、表現の中に隠れている差別性に気づいたとする。その際にはやはり、安易な言い換えに走るのではなくて、その文脈をしっかりと読んで、次の二つのポイントについてしっかりと判断するようにしたい。

第一のポイントは、その表現がどのような意図で書かれたのか。つまり書き手の意図である。

第二のポイントは、読んだ人がどのようなイメージを抱くかということだ。書いた人がどんなに差別的でないと思っていたとしても、読んだ人がその表現を見て、ある差別性をそこに連想するようであれば、やはり差別を助長したことになっていく。

ここで大事なことは、著者と議論し、問題を共有した上で表現を工夫することだ。編集者による一方的な判断で表現を変えることは避けるべきである。そうしてしまうと著者が問題を理解できずに、差別表現を繰り返すおそれがあるし、また場合によっては著者とのトラブルになる。

その上で大切なこと、一番考えておかなくてはならないことは、どんな人も差別する可能性があるということである。「自分は絶対差別をしない」という人がいても、そのようなことは絶対にあり得ない。どんなに人権問題で一生懸命がんばっている人であっても、差別をしてしまう。典型的な例が、部落解放同盟においてすら、差別事件を起こして自己批判していたりする。そのようなことがあるので、どんな人でも差別する可能性があるし、逆にどんな人も差別される危険性がある、ということをふまえた上で、この問題を考えていかなければならない。

と同時に、表現というものは人を傷つけていく、あるいは人を傷つける可能性がある、ということを、編集者としては意識し続けなければならない。とりわけ文芸作品においては、無味乾燥な事実の羅列のようなものは意味のないものになってしまうので、どこかで人を傷つける可能性がその文章表現にはある。にもかかわらず人を傷つけることを最小限に抑えていくような努力をせざるを得ない。

以前、被差別部落の解放運動を主導していた人と話をしたときに聞いたことがある。彼自身は基本的には差別を糾弾する側で、差別表現はけしからんという立場に立っているが、その人自身も詩や小説を書いたりしている表現者でもあった。その彼が言っていたのは、「やっぱりそうはいっても人を傷つけることによってしか成立しない表現もあるということは認めざるを得ない」。こっそりとそう言っていた。文学作品においては、いわば人を傷つけることによってしか成立しないものがあり、文学性というものはそのようなところにあり得る。そのことを編集者としては理解した上で、しかしなるべく他者を傷つけないという、綱渡りのようなところを歩んでいかなければならない。

なお、「と場」や「えた」など、もともとは漢字で「屠場」「穢多」と表記されていたことをひらがなで書く場合がある。これは漢字が与える不快なイメージを和らげるような配慮であるが、ひらがなで書いたからといって差別の本質が変わるものではない。

差別表現を考える

次に、いくつか表現例を見てもらいたい。これは、「出版人権差別問題懇談会」という、出版社が集まって人権や差別表現をめぐって検討する場があるのだが、その中でアンケートを採ったときの報告である。そのアンケートは、そこに挙げられている表現を実際に見て、問題があるかないかということを各自に判断させ、統計を取ったものだ。その中のいくつかを具体的に見てみよう。

設問「峠から下をみると、眼下には十数戸の家々がひっそりと肩を寄せ合うようにして、ひとつの部落をつくっていた」

これが差別表現かどうか。読者はどのように思うか。

ある回答例。「うちの祖父も、普通に村とか居住地域という意味で、部落という言葉を使います。たしかに、聞く人が聞けば「なに！」というような感じが出るかも知れませんが、個人的には、この表現自体に、あるいは文脈的にも、差別的な意図があるとは思えません」

私もそのように思う。むしろ逆に部落という言葉を変に言い換えてしまうと、いわゆる「言葉狩り」になる。これは全く差別性もないし、「集落」という意味で使っている「部落」なので、まったく問題ないと思うが、しかし出版社のアンケートでは、ほぼ六対四ぐらいの割合で、問題ありと答えているという結果が出ている。

設問「吉良に構いなく、浅野は即日切腹。誰の目にも片手落ちの沙汰は平和主義者綱吉の怒りから出た」

ここでは「片手落ち」という表現が問題になっている。これはアンケートで見ると、問題ありという人が七割、問題なしの人が三割となっている。おそらく新聞社では「片手落ち」はすべて「片落ち」などに言い換えると思われる。私は基本的には変えない。

「片手落ち」というのは、差別語ではない。「片手が落ちている」という状態ではなくて、「片一方に手落ちがある」という意味だ。「手落ち」の「手」は、「手段」としての「手、術」ということである。だから、これは一方の処置に問題があったという「片」「手落ち」なのであって、「片手」「落ち」ではない。これを差別語と見るのは、過剰反応である。

設問「悲願だった株式上場を達成、「士農工商芸能人」のランクを一つ上げ、「商」の仲間入りをさせた」

これはある芸能プロダクションの文章らしいのだが、「士農工商芸能人」という言い方が問題となる。これは九割近くの人が問題ありとしたのだが、私も問題だと思う。

これは「士農工商えた非人」という言い方を真っ先に連想させる。「士農工商」というのは江戸時代の身分制度としてあったが、その身分制度からはみ出すのが「えた非人」という存在だった。つまり「えた非人」とは、事実上人間以下、人間の埒外ということである。そういった言い方をふまえて、「えた非人」にあたる比喩として「芸能人」という言葉を使っているので、やはりこれは問題だと思う。

設問「帰化鮮人たちの多くの命は土となり炎となって古唐津へと昇華していった」

九州の唐津の陶工たちは、朝鮮半島から連れてこられた人たちなので、その問題を扱った文章だが、ここには二重の問題点がある。まず第一点は「帰化鮮人」という言葉。これはまず間違いなく引っかかってくる言葉だ。彼らは、自分たちの意志で日本に「帰化」したわけではなく、強制的に日本に連れてこられた人たちなのだ。

第二点として、「鮮人」という言い方だ。朝鮮人に対して「鮮人」という言葉を使うのは、明らかに相手をおとしめている表現である。

しかし、時と場合によっては違ってくる。『シンポジウム報告集』に紹介されている一例を挙げる。在日朝鮮人の金時鐘《キムシジョン》という詩人がいる。彼は済州島の四・三事件という激烈な事件の生き残りで、小説家の梁石日《ヤンソギル》氏は彼を登場させた小説を多く書いている。その金さんは、「鮮人という言葉を聞いただけで、生理的に悪寒以上のものが走る。腸が煮えくり返るほどの怒りを感じる」と言っている。しかし、小野十三郎《とおさぶろう》の詩の中にある、

「紙凧《ヨン》一つ高くあがれ。北鮮の白き山を思えば」

という表現については、また別の感覚をもっていると言う。「北鮮」は「北朝鮮」の意味で使われた言葉で、これも普通の文脈であれば、まず差別語ということでチェックが入るところなのだが、しかしこの詩に触れて、金さんは次のように述べている。

「ここには『北鮮』という言葉が使われているけれど、私は差別だとは思いません。この詩を生ましめた前後の状況や、この詩の中で占めている『北鮮』の位置をみれば、これは決して貶めている言葉ではない。むしろ徴用で引っ張られて、劣悪な労働条件下で働いて

いる朝鮮の若者達の思いに共鳴しています。正月でしょうか日本人のあげる凧がある。この凧を見て、彼らは故郷の山を思い出すだろう。という詩です。この詩の中の『北鮮』は差別語だ。だからこの詩は差別だ、というべきではない。言ってはならない。それは筋ちがいだと思います。つまり世間でいわれている差別語が、この詩の中では活性的な肯定的な人間の思いに昇華しているのです」

このあたりが、先ほど述べた差別語と差別表現という問題を端的に表している。やはり言葉だけではなくて、その言葉が使われている状況をしっかり見なくてはならないし、また先ほど述べた想像力という問題も重要だ。このように文脈を見て、そこで歌われている光景、あるいは書き手の思い、そういったものに対する想像力をもたなければ、差別表現というものは判断できないということである。そのことを金さんのこの言葉は、端的に表していると思う。

ただ、これらの事例も、本当はこの一文だけで判断するのは危険だ。実際の文脈を見なくては正確には判断できない。

プライバシー問題をどう扱うか

表現の自由をめぐっては、もう一つプライバシーの問題がある。最近の裁判などで話題になったプライバシーの問題について言うと、これが検閲という別の大きな問題に関わってくる、ということに注目する必要がある。国家やその他の機関による、出版や報道の事前の検閲は、憲法によって禁止されている。

二〇〇四年に『週刊文春』の事件があった。その概要を簡単に述べると、国会議員の田中真紀子氏の娘が離婚した、そのことを『週刊文春』が取り上げて、一種のワイドショーネタふうに書いたのだが、それに対して田中家側が、これは著しく私人としてのプライバシーを侵害しているということで、出版の事前差し止め請求の裁判を起こした。そして地裁レベルで、この田中家側の言い分を認めて、同誌の出版を差し止めた、という事件である。しかし高裁レベルでは逆転されて、差し止めという事態にはならなかったが、実はその時には雑誌は発売日から一週間以上経過していたという状況で、実質的な販売時期は過ぎてしまっていた。

ここで問題になった第一点は、田中真紀子氏の娘という人が、本当に私人であるのかどうか、政治家の娘というのは私人であるのかどうか、ということが争われたことである。第二点は、それが出版差し止めにあたるほどの重大なプライバシー侵害なのかどうか、ということである。ある意味ではプライバシーを侵害していたのは事実だろうが、しかしそれが出版差し止めというほどの重大なプライバシー侵害なのか。その二点が問題となったのである。

週刊誌で扱っている内容は、たわいない話といえばたわいない話で、気の毒ではあるが出版差し止めという事前の検閲に値するようなことで表現の自由を封じようとするのは、これはやはり行き過ぎである。出版に関わる人間の多くは、この裁判の方向に対して反対した。この事例に対しては、私自身も、出版差し止めというのは問題であろうと思っている。基本的には、プライバシー侵害に対しては、全くの一市民であればそのプライバシーは尊重される必要があるが、少しでも公人の性格を帯びた人が対象となれば、損害賠償などの手段で対処するべきではないだろうか。

もう一つの事例は、これより少し前にあった柳美里《ユウミリ》氏の小説『石に泳ぐ魚』の裁判である。これは身体的な障害をもった人が、柳美里氏の小説に書かれることとよって、自分のことだと特定されてしまう。それまでずっと公にされていなかった、つまりプライベートな問題であった自分のもつ障害が、小説に描かれることによって周知されてしまう。これは著しいプライバシー侵害だということで出版差し止め訴訟を起こした。これは最終的に最高裁までいって認められた。そして表現を変えた上で出版し直されることになった。

この場合には、より私人度が高いという判断であったので認められたわけだが、このあたりは微妙なところと言えるだろう。どちらともとれて、どちらでもあり得るのではないか。小説というものは、そこまで書くことによって初めて小説たり得るわけだし、とりわけ私小説であれば、当然、私人というものを小説のモチーフとして取り上げているわけであるから、これを傷つけるのはある程度やむを得ないのかもしれない。そのバランス、小説と個人の利益の比較衡量ということになるが、このあたりは非常に微妙な難しいところだ。

もう一つ例を挙げると、『逆転』という伊佐千尋氏のノンフィクション作品がある。これはある登場人物が、かつてある殺人に関わる傷害事件を起こして服役した。そして出所した以後は、そのような経歴をもつことを隠して、ごく普通の人として暮らしていた。そして何年か経過した後に、作家である伊佐千尋氏が『逆転』というノンフィクションを書くときに、実名を挙げてその事件を紹介し、その人が前科をもつことを書いてしまった。

これは過去を暴くという重大なプライバシー侵害ではないかということで、その人が裁判を起こした。これも最高裁までいったのだが、訴えた人の言い分が通って、損害賠償が認められた。前科というのは、まず基本的に保護されなければならないプライバシーの問題である、したがって特別な必要性がなければ、そのプライバシーは守られなければならない、という結論だった。

ではどのような場合に、実名を出してもよいのかというと、事件それ自体が重大なもので、世の中を揺るがしたものであったために、どうしてもそこに関わった人たちを特定しなければ、その事件が伝えられないときならば許される。あるいは、事件を起こした本人が、今述べたようなケースでは一介の市民であったが、それとは異なって、たとえば選挙に出ようとしている人であるとか、官僚であるとか、そういった公人であるならば構わないという。つまり、社会的な大事件とか、本人が公人のような立場であるとか、そういったようなことがない限りは、実名は出せない。その著作物の目的や性格に照らして、実名を使用することの意義及び必要性を考えなければならない。ごく普通に暮らしている人の前科を無断で公表してはならない、というようなことは、プライバシーとして守られていくべきものだろう。

以上の他に表現の自由との関わりで言うと、猥褻《わいせつ》文書の問題がある。猥褻文書はよく被害者なき犯罪というように言われるが、猥褻をめぐっても、ときどき出版停止という問題が起きている。

猥褻について言うと、時代の価値基準が揺れ動いていることもあって、その昔は『四畳半襖の下張』事件や『チャタレイ夫人の恋人』など、今から見れば何ともないような表現でも引っかかったり、写真でもわずかにヘアが写っているだけでだめだったのが、もう今ではヘアそのものでは特に問題はなくなっているというように、時代と共に変わっていく。だが基本的には、表現の自由を守るために、ある種の自主規制をせざるを得ないという矛盾に突き当たることとなる。

しかし気を付けなければならないのは、自主規制が過剰になってしまうと、やはり一般の人々の知る権利を侵害してしまう。出版社、時によっては流通や書店などが、自主規制して本を出さないということになると、それは実際には、一般の人の知る権利を侵す危険性が高いということは認識しておく必要がある。その一方で、権力の乱用として、猥褻を理由に権力が出版に介入してくるというような事態も避けなければならない。だから編集者としては、常にその両面を考えておかなければならないということを指摘しておきたい。

二〇〇四年に二〇年ぶりの猥褻裁判で版元の松文館の社長に有罪判決が宣告された。コミック『蜜室』を対象にした裁判で、漫画では初めてである。二〇年ぶりの本格的な猥褻裁判という割にはあまり注目されていないが、表現の自由をめぐる重要な問題である。

これは二〇〇二年一〇月に、成人向けコミック『蜜室』の男女の性交場面の描写が、猥褻図画販売にあたるとして摘発され、一審で懲役一年執行猶予三年という有罪判決を受けた事件である。一審判決の報道によれば、

「判決はまず、過去の最高裁判例と同様に「わいせつ物の規制には十分な合理的根拠があり、表現の自由を定めた憲法にも違反しない」と判断。「作品の中心はあくまで性描写で、芸術的・思想的な要素はほとんど存在しない」と指摘した。漫画という表現手法についても、「やり方次第では性的刺激を緩和することも可能だが、今回は修正の程度が弱い」と

して、「蜜室」がわいせつ物に該当すると認定した。

また、被告側が「一八歳未満への販売を防止する業界の自主ルールに従っていた」と主張した点については、問題の漫画本はわいせつ図画であって、「青少年に対する有害図書」として摘発されたケースではないと指摘し、有利な情状として重視できないとした」

とあるように、一九五〇年代のチャタレイ裁判以来の判例を踏襲した内容であった。現在における性風俗の変化や、インターネットを通じて性表現が一般化している状況についても、取り締まりについての社会的合意は確固としてある、と判断している。中でも問題だと思われるのは、長岡義幸氏の次の指摘である。

「驚くべきは、『被告人が所管官庁に相談に出向くなど、公的機関の指示を仰ぐなどした形跡は全く認められない』と裁判長が言ったことだ。換言すると、発行前に警察に出向き、『この表現は法律に違反したかどうか教えてください』と聞け、問題があると指摘されたら発行を取りやめろ、そういう〝手続き〟をしなかったのだから逮捕されて当然だ、と判示したわけだ。」

これは事実上の検閲を示唆していると言えるのではないか。

なお、この事件は、二〇〇五年の高裁判決で懲役刑から罰金一五〇万円に減刑された。被告は最高裁に上告している。

二〇〇四年に、同じくコミックの表現で重大な問題が起こった。それは『週刊ヤングジャンプ』連載の本宮ひろし「国が燃える」において、日中戦争の際の南京大虐殺の描写をめぐって、右翼団体から抗議を受け、連載を休載した事件である。

これは『週刊ヤングジャンプ』四二、四三号の本宮ひろし作「国が燃える」に対し、「集英社の不買運動を検討する会」「本宮ひろしの歴史偽造を糾弾する会」「集英社問題を考える地方議員の会」などが抗議し、それを受けて編集部と本宮ひろしは、連載の休載を決め、単行本化に当たっては、過剰な虐殺のイメージを想起させる箇所や、使用した写真資料の真偽が疑わしいとされた箇所について削除・訂正を行なうと発表した。

本宮氏は、当時の写真や文献を元に描写したらしいが、虐殺の事実として拠っている資料が杜撰なもので信用できないという抗議を受けたのである。これも特定団体からの抗議による言論抑圧に屈したと言わざるを得ない結末であり、検閲の受け入れとも取れる決着である。

なお、コミックの場合、たとえ歴史人物に材をとった作品であっても「この作品はフィクションです。実在の人物・団体・事件とは一切関係ありません」という注釈ひとつで済ませることが多いようだが、今後このような批判を受けないためにも、きちんとした史料批判に基づく描写を心がけることは必要だろう。

憲法二一条と一三条

表現の自由を考える上で原点となるのが、憲法二一条である。あらためて憲法二一条を読んでみよう。

「第二一条　集会、結社及び言論、出版その他一切の表現の自由は、これを保障する。
2　検閲は、これをしてはならない。通信の秘密は、これを侵してはならない」

これが、表現の自由の法的な根拠と言われているものである。しかし表現の自由というのは、あらゆる場面において適用されるというわけではない。ある一定の制約をどうしても受ける。その制約とは何かというと、人権の問題に抵触した場合である。この場合の人権というものの根拠となるのは、同じように憲法にある。

「第一三条　すべて国民は、個人として尊重される。生命、自由及び個人の幸福追求に対する国民の権利については、公共の福祉に反しない限り、立法その他の国政の上で、最大の尊重を必要とする。
2　すべて国民は、法の下に平等であって、人種、信条、性別、社会的身分又は門地により、政治的、経済的又は社会的関係において、差別されない」
こういった公共の福祉に反するとか、あるいは人種、信条、性別によった差別といったことに抵触しない限り、表現の自由は保障されるという考え方が基本となる。裏返して言えば、どんなに表現の自由があっても、差別表現であるとか、プライバシー侵害といったことは許されない、ということはここから導き出される。

表現の自由というのは何より重要な人権であるが、一定の制約を受けるということを大前提として考えざるを得ない。しかし、その制限というのは、なるべく最小限であるべきだ、というのが編集者としての基本的考え方だろう。言論の自由、表現の自由というのは、編集者としては何よりも守らなければならない最重要の問題である。したがってその重要性を考えながら、しかし、実は今それが危機に陥っているということも、あらためて認識しておかなければならない。

先ほど岩波新書の創刊の志について述べたが、同じように、たとえば今、戦争報道をめぐっては、著しく報道に制限が加えられている。自衛隊のイラク派兵に関して、一番危険だと思ったのは、メディアの側がかなり政府の言いなりになって、政府の機構に組み込まれて戦時報道をせざるを得ないということを認めてしまったことである。この危険性というのは、いくら強調してもし過ぎることはない。やはり、そのような政府の規制をくぐり抜けてでも取材に歩くというのが、ジャーナリストの基本である。さもないと、御用ジャーナリストになってしまう危険性がある、ということを強く訴えておきたい。

2　著作権の考え方

著作物には著作権

編集者をとりまく問題として押さえておくべきものに、著作権の問題がある。著作権については、論じていくときりがないし、非常にややこしい問題もあるので、編集者としてこの程度の範囲は押さえておくべきだろう、というところに絞って話を進めていく。

著作物には著作権があって、それを使用する場合には印税や原稿料として使用料を支払う、というのが基本である。著作権というのは、知的財産権の一部である。では知的財産権とは何かについては、岡本薫『著作権の考え方』（岩波新書）に簡潔にまとめられているので、それを参照したい。

他人の作った知的生産物を、無断で使ってはいけないということを担保するための権利の全体を知的財産権という。その中で著作権や産業財産権、その他というように分けられる。

さらに詳しく見ていくと、著作権の中には大きく分けて二種類の権利がある。一つが文字通りの著作権であって、これは著作者の権利、たとえば本であれば、その本を書いた作家がもつ権利ということになる。それに対して隣接著作権というものがあって、これは作品を伝達する人の権利、音楽であれば歌手とか演奏者とかレコード会社であるとか、そういったものがもつ権利である。

このように著作権を理解した上で、そこで決められている著作物とは何かを考える。言語でいえば、講演、座談会の発言、論文、レポート等々、音楽でいえば、楽曲、作詞、踊りの振付け、さらに美術作品、建築物、図形、映画、写真、コンピューター・プログラムなどが入ってくる。このようなものを一般的には著作物といっている。

著作権とまぎらわしい権利に意匠権というものがあって、守られている対象が違う。わかりやすくいうと、雑誌の表紙に絵などを使うことがある。表紙に画家の作品がのっている場合、この作品には画家の著作権がある。しかしその表紙には画家の著作権はなくて、出版社にこの表紙に対する一種の意匠権、つまり商品としての権利がある。

だからたとえば本などの表紙を引用する場合には、元々の著作者の許諾は取る必要がない。表紙を掲載するということで、出版社の許可を取ればよい。ただし、表紙の中から作品だけを取り出して使う場合には、元の著作者である画家の了解が必要となる。このように、著作権周辺の問題がわかっていると、引用をする時などには役に立つ。

ただし、著作権には保護期間というものがある。これはきちんと押さえておくべきであろう。戦争中は著作権は保護されないなどという細かい規程は措いておいても、著作物については著者の死後五〇年、写真は発表後五〇年である。ただし写真も同じように、カメラマンの死後五〇年にしようという運動が起きている。

なお、雑誌と書籍では、特別な契約がない限り著作権の扱いが異なる。雑誌は一回だけの掲載の権利であるのに対し、書籍では契約による出版権の続く限り、出版社は刊行してゆく権利をもつ。

引用と剽窃

著作権には例外があって、ある一定の基準を満たす場合には、無断で使っても構わないという規定がある。これはいわゆる「引用」というものであるが、意外と誤解されているので、きちんと押さえておくべきだろう。現場の編集者でも十分に理解していない人が多いように思われる。その要件は六つある。

１、カギ括弧などにより「引用部分」が明確。

2、「自分が書いた部分（主たる著作物）」と「他人のものを引用した自分（従たる著作物）」の間に「主従関係」がある。（「他人のもの」のみで構成するというのは「引用」ではない）

3、「批評対象」「研究対象」「自分の主張の根拠」などの「正当な目的」の範囲内。

4、引用を行なう「必然性」がある。（「俳句や絵画の批評」など、必然性があれば「全体の引用」も例外の対象。カラー、白黒、大きさなど、すべて「必然性」の有無の問題。アニメのキャラクターを「装飾」として使うのは必然性なし。キャラクターを引用できるのは、たとえば「日本のアニメキャラクターの歴史」などという「主たる著作物」の中で批評・論評対象とする場合）

5、「公正な慣行」の範囲内。

6、「出所の明示」がされている。

以上の要件を満たせば、基本的に引用は自由である。たとえば部分ならよくて、全体はダメとよく言われるが、それは中途半端な知識であって、実際はそのようなことはない。部分であろうと全体であろうと、大きさに関係なく引用は認められる。いま挙げた「主従関係がある」「引用が明確である」「正当である」「必然性がある」「公正な慣行の範囲内である」「出所の明示がされている」という六点をきっちりと押さえてあれば、どのように扱っても正当な引用になる。迷ったときにはいちいちこの基準に照らしていけばいいだろうが、それらの基準を満たしていない場合には、無断引用、剽窃と言われても文句は言えないので、十分慎重に配慮して欲しい。紛らわしいのは、出版社には隣接著作権があるかどうかというポイントであるが、出版社には隣接著作権はない。映画会社は著作権者であるし、レコード会社は隣接著作権をもっているが、出版社は著作権に関わる何の権利ももっていない。

いま出版社は、版面権といって、あるページを作ったときにそこにある種の著作権がある、と主張しているが、現実的にはまだ認められていない。したがって出版社は非常に弱い立場にあるのだが、しかしある種の慣行として、大きな引用などをするときには、儀礼的にお互いに許可の取り合いをしているのが実情である。

3　流通の諸問題

再販制

流通の問題にも編集者として必要な範囲で触れておこう。

よく言われているように、出版物などの著作物は独占禁止法の適用除外物となっている。これがいわゆる「再販売価格維持制度」、通称再販制であり、全国各地どこへ行っても定価販売されている。『新 現場からみた出版学』に、再販制度について定義してあるので参照してみたい。

「再販制度とは再販売価格維持契約の制度化されたもの。再販維持契約とは生産者が商品の販売価格を決めてそれを卸や小売りに守らせること。つまり定価販売を実施させることである。本来これは独占禁止法上では違法なのであるが、出版物は適用除外になっている」

出版物とは、書籍、雑誌、新聞、レコードなども含んでいる。これらは一応独禁法の適用除外を受けていて、全国各地どこでも定価で販売されている。しかしこの再販制が今、大きな転換点を迎えようとしている。その一つの要因はブックオフの肥大化である。

流通の仕方

出版物の流通というのは、基本的には、出版社から取次会社を経て、書店に流されることを指す。書店というのは普段本を買うなどの機会に訪れているのでわかるだろうが、取次会社というものの役割が意外とわかりにくい。私なども、流通の部署にいたわけではないのでわかりにくいのだが、取次会社というのがどんなものであるのかということが、『新 現場からみた出版学』に書かれているので再び参照したい。

「取次会社の役割と機能は、まず第一に全国の書店に出版物を配送することである。実際、流通のカナメにあって独自の役割を果たしている。以下整理してみると、

1、物的流通機能　出版社から発行された出版物を書店に配送する機能である。年間新刊書籍七万点、一四億冊、雑誌四六億冊が配送されている。書籍の場合には、書店の販売実績に応じてコンピューターで管理されており、配本パターンによって処理、在庫管理などを行う。

2、商品流通機能　出版社、書店に対して販売、仕入れを代行する。つまり書店に代金請求し回収して出版社に支払う金融的機能を行う。取次会社の金融機能は、出版社、書店の死命を制するといってもいいほどだ。

3、情報流通機能　各種のデータの調査、分析をもとに商品マーケティング情報、出版情報を出版社と書店に提供する。

4、コンサルティング機能　市場調査、書店出店や経営相談、書店員研修、出版社の経営コンサルティングなど」

「1、物的流通機能」これは本や雑誌を売り流すということで問題ない。

「2、商品流通機能」これも実際は「出版社、書店に対して販売、仕入れを代行する」ということなのだが、しかし実はこの「商品流通機能」で一番大きいのが、取次会社はいま金融会社であるということだろう。書店と出版社の間でのお金の流れのことだ。委託制の場合は本を卸してから、入金するまでに三カ月とか半年のタイムラグがあるわけだが、その間のお金のやりとりを事実上取次会社が代行している。したがってかなりのお金の流れを握っているのが取次会社なので、だからこそ出版社も書店も取次会社から離れられないという事情がある。

「3、情報流通機能」。いろいろな商品情報を取次は集めて、書店やあるいは逆に出版社に流してくる。これはよく出版社の営業担当が取次からいろいろな情報を集めたり、ある場合には取次を通じていろいろな情報を流したりしている。

そして「4、コンサルティング機能」としていろいろな市場調査などを行なっている。

直販とネット

流通に関わる最近の傾向としては、これまで書店では、各地方の一番店といわれているような、各地域のキーとなる書店があったのだが、これが次々とつぶれている。その一方で、郊外型の書店が増え、車で乗り付けていくような書店が増えている。

もう一つの傾向としては、書店の大型化がある。どんどん書店の規模が大きくなって、次々に大型書店がオープンしている。書店のバブル現象であり、危険な方向でもある。

最近の大きな変化として、直販とインターネット販売という方向がある。

今は、取次会社を通さないで流通させるということが増えつつある。たとえばトランスビューという出版社がある。ここは池田晶子『14歳からの哲学』というベストセラーを出した会社であるが、ここでは会社を興したときから、一切取次を通さず直販でやるということを決め、そのやり方で非常にうまく回転してきた。今は中堅取次会社とも取次関係を作ったが、基本的には直販でやっている。

取次会社を通すと、どうしても新興の小規模出版社は、決済の時の掛け率であるとか正味率などで、非常に厳しい条件を飲まざるを得なかったり、書店への配本などで邪険に扱われたりなど、うまくいかないことが多い。その対策として、新興の出版社は直販を進めているというのが現状である。

そして今やインターネット販売が急速に増えている。アマゾンなどは書店として取次会社を通しているが、売上げは拡大する一方だ。ウェブ上で出版社に直接に注文が来ることもかなり多くなっている。

4　デジタル化の時代

最近の傾向

最後に出版におけるデジタル化の問題をごく簡単に見ていきたい。『新 現場からみた出版学』の中で「デジタル時代の出版」という項を書いた合庭惇氏は、元岩波書店の編集者で現在は国際日本文化研究センターの教授を務めている。二〇〇一年という年は、ブロードバンド元年というように言われ、実際、今まさにブロードバンドの時代に突入している。それを彼は次のように表現している。

「中世イタリアに端を発したルネッサンスは、時代的にいうならばヨハン・グーテンベルグが活版印刷の技術を発明した一四五五年頃とも重なってくる。活版印刷がもたらした書物の大量複製が近代市民社会と近代文化成立の一大要因であることは、これまでに多くの人びとによって指摘されてきたことであるが、この印刷革命にも匹敵するような文化的変革に私たちが立ち会っているという状況を認識することなくして、デジタル時代の出版を考えることはできないのである」

ここには一つの問題提起がある。ルネッサンスという一大文化転換期と、グーテンベルグが活版印刷を発明した時代は重なっている。大きな文化の転換期に、そうした出版の変化というものがあった。そのような観点から見ていくと、現在、出版においてデジタル化をめぐる大きな時代の転換点がきているということは、同じように大きな文化の転換期を迎えているのではないか。デジタル化の問題は、そういう観点から見なければならない、という問題提起である。確かに技術的に言うと、デジタル化の問題は今きわめて進んでいて、活版印刷から始まったものが、今やかなりの部分でＤＴＰといわれる印刷技術になっている。そのような意味では、印刷技術の面における大きな変化が、文化の面でのある大きな変質をもたらすことになるのだろうか。やはり編集者としては、しっかりと見ていかなければならない。

しかし、文化の面での変質ということになると、現時点ではまだちょっと微妙であるようにも思われる。鷲尾さんが述べているのは、たとえばｅブックなどを見ると、「本に秘められたいわく言いがたいパワーが感じられない」とか、「閉鎖的、効率主義的な印象を受ける」というように述べている。私も現時点でのｅブックを見ると、同じようなことを感じる。しかしこれはこの先どうなるのかはわからない。書物には蓄積されてきた文化の厚みというものが感じられるが、現時点ではｅブックスには、情報としての意味はあるが、文化的な厚みは感じられない。

しかし、このようなものは一年か二年経つと劇的に変わることがあるので、五年後のことは本当にわからない。ブロードバンド時代以降、技術的にここまで来てしまったのであり、出版文化というものもある転換点を迎えようとしているのかも知れない。現に、携帯小説などは着実に読者を増やしている。

普及する電子辞書とオンデマンド出版

そうした中、実際に電子辞書は、着実に普及してきているし、今は辞書系の出版社では、辞書そのものの売り上げよりは、辞書をデジタル化したことによるライセンス契約の利益の方が上回っているということが起きている。文化の厚みが感じられない、などと言っている間に、どんどん事態は変わっていってしまう。

また、学術出版や歌集などの文芸出版では、オンデマンド出版がかなり現実化している。オンデマンド出版とは、印刷所などがデータを保持し、需要に応じて一部からでも出力・製本し、販売する形態である。実際に小部数出版では、オンデマンド出版がかなり有効であるように思われる。

また最近の話題として、アマゾンやグーグルが、本の内容の一部をそのままウェブ上で公開することを計画している。これも著作権と絡んだ難しい問題があり、出版学会でもシンポジウムがもたれ、検討課題となっている。

いずれにせよ出版はデジタル化に巻き込まれていくことだけは間違いない。そこで起きる事柄については、正直に言ってまだ対応しきれていないというのが実情だろう。会社ごとの思惑もあるが、今のところはデジタル化が十分にビジネスとして成り立っていないために横一列状態なだけである。

編集者としてセンスを磨くには？

カワカミセンセイの授業から5

――編集者としてセンスを磨くにはどうしたらいいんでしょうか？　いいものを見ること、本当にいいものに触れることが大切だってよく言われますよね？

「超一流のものに触れるって言い方もあるけど、僕にはピンとこないね。たとえば六本木ヒルズ族やセレブの女王の暮らしが、人間にとってどんな意味をもつというのだろう。むしろ、地を這うような人間の生活を知ること、社会の矛盾に負けず力強くかつしたたかに生きている人々の暮らしを見ること、そういったことの方がもっともっと大切じゃないかな」

――そのためにはどうしたらいいでしょうか？

「ときどき、僕はいろいろな被差別部落や、大阪の釜ケ崎《かまがさき》、東京の山谷《さんや》などに行くことがある。カマや山谷は日雇いで働いている人たちのいるところだ。たとえば泪橋《なみだばし》と言ってイメージわくかな？　『あしたのジョー』の舞台なんだけど、あのあたりが山谷。そういうところを歩いて、立ち飲みの居酒屋に寄って、人々の息吹きをじかに肌で感じることも大切だよ。石原東京都知事のように、この人たちを汚いと言って排除するのは簡単だけど、それが唯一の方法だろうか？　そこで生きているってことの意味を見出す眼差しが編集者には必要だと思う」

――当たり前に思っていた世界に浸っていては、人間をみつめる眼差しを研ぎ澄ますのは難しいということですね。

――その点では海外旅行もいい経験になると思いますが、先生のおすすめはどこですか？

「インドネシアの辺境の島に七、八回くらい行ったけど、自然環境も人間性もよくて素晴らしいところ。インドネシアン・ルールというのか袖の下を使ったり、飛行機が少なくてチケットを取るのに苦労するけど、いろいろなことが学べるよ。僕は『海のアジア』というシリーズの企画を立てたんだけど、そのきっかけもバンダネイラという絶海の孤島で思いついたんだ。詳しくは第7章を読んでよ」

第7章

問題意識はどこにある?

——編集の現場から

1　文化の総合雑誌『へるめす』

最後の章では、実際に私が手がけた本や雑誌を例にして、どのような問題意識でそれぞれの仕事をしたのかを振り返ってみよう。まずは『へるめす』から。

第2章で「雑誌は運動である」ということを述べたが、この雑誌は「文化運動」として考え、文化の新しい潮流を作りたい、という意識で始めた。

『へるめす』の創刊は一九八五年だが、一九九六年に全面リニューアルした。それまではB5判という週刊誌サイズの雑誌で、年四回の季刊発行だった。それを隔月刊にし、版型もA5判と一まわり小さくした。それに伴いページ数を少し増やしたが、基本的には手に取りやすい形への改編を行なった。どうしても大判のときは、雑誌として大仰な印象があったが、もっと文化を身近に捉え、かつ特定ジャンルに特化せず、文芸からアート、音楽、写真表現等ありとあらゆる文化現象を幅広く対象にして、なるべく小さな判型の中にいろいろなものが入っているスタイルを志向した。

リニューアルの際は巻頭に対談・座談を三本入れている。

まず一本目は「いま、文化を語る言葉はあるのか」として、言語の問題を徹底的に考えることをテーマにした島田雅彦と福田和也の両氏の対談。これは一年にわたる連載で、その後、文藝春秋から本になった。

二番目に「筒井康隆×小林恭二×テッド・グーセン」。現代文学の重鎮と脂の乗っている小説家、それにアメリカの作家・批評家であるテッド・グーセンとで鼎談をし、当時の、そして二一世紀の日本文学を展望する企画だった。

それから三番目に「赤瀬川原平×大竹伸朗」。人気アーティスト二人の対談で、アートをめぐる文化状況を捉えることをねらった。

このほか、一六ページにわたる写真ページを設けた。これも連載になったが、ビジュアルな表現というものが今後の文化にとってきわめて大きな意味をもってくると考え、「二〇世紀の風景」として写真表現の可能性を追求した。一回目は「Loves Body」というタイトルで、ヌードを中心にした写真による身体表現の特集だが、以後の特集号では戦争表現の特集、歴史上の独裁者たちの表情ばかりを追った号など、それぞれに特徴をもたせた企画を打った。これは

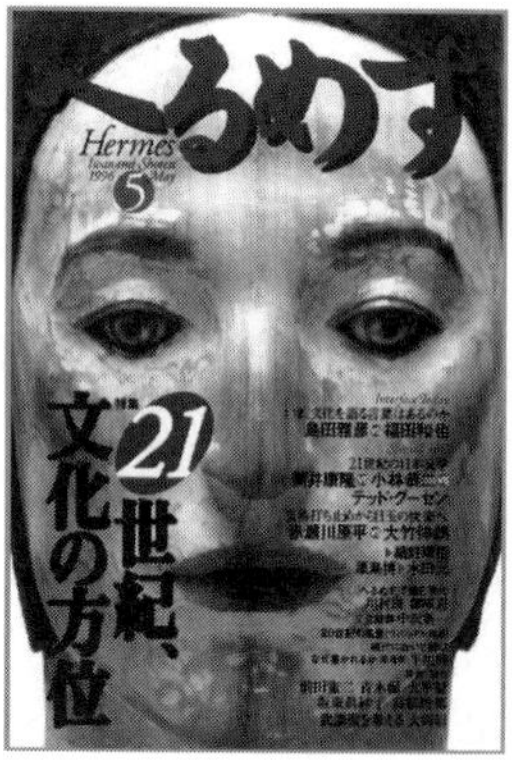

評判の良かったコーナーだった。そのほか平出隆氏の詩論や中沢新一氏による文化時評から小説まで幅広い記事を掲載し、文化を革新していく運動を試みた。

リニューアルの際に一番考えたのは「新しい読者の獲得」ということだった。やはり雑誌としてある運動を展開しようと考えたとき、従来の読者だけではなく、新しい読者をどうやってつかむことができるか、それが大きな分かれ道だろうと考えた。そして読者カードを入れてその反応を見た。

岩波書店の典型的な読者を考えた場合、「高齢・男性」という読者像が浮かび上がってくる。それに対して「若年・女性」という読者をどうやって獲得するかを一つのテーマにしていたが、幸い、読者カードからかなり若い層が読んでくれたことがわかった。下は一〇代がポツポツいたが、主として二〇代から三〇代までの、文芸やアートに関心をもっている人からの評判がよく、大竹伸朗や赤瀬川原平、島田雅彦の各氏などは若い女性からも支持が高かった。その意味で、「若年・女性」の読者の獲得は、ある程度成功したと思っている。

表紙は彫刻家の舟越桂氏の作品だが、現在ほどメジャーになっておらず、彼を雑誌の「顔」

として大きく打ち出したことで新鮮な印象を与えることができたと思う。もう一度文化をトータルに見直す雑誌を創りたいという意図で、こうしたリニューアルを行なったのである。

リニューアルから一年経った『へるめす』一九九七年一月号では、「くずれゆく日本」という、「日本」というものを相対化する意図で特集を打った。なぜ当時「くずれゆく日本」というテーマを挙げたかというと、「新しい歴史教科書をつくる会」をはじめとしたナショナリズムの芽が、一九九七年の時点でずいぶん大きくなっていた。その根幹にあるのは、日本を「一つの均質空間」として捉える日本像であるが、それに対して、「一つの日本」があるのではなく、そこにはさまざまな側面があり、「日本」は、歴史的にも文化的にも、まさに多様な姿で創られているのだ、ということをいろいろな観点から取り上げてみたかったからである。

巻頭に赤坂憲雄、川村湊、桜井進、村井章介の四氏による「いくつもの日本」という座談会を入れて、日本というものが実に多様性を帯びているのだということを、歴史的文化的に検証した。それ以外に、大逆事件と被差別部落の問題、あるいはアイヌ問題、宮沢賢治の東北性、崎山多美という沖縄の小説家、川崎にいる沖縄出身ホームレスの事件（川崎には沖縄出身者が多く、中にはホームレスになっている人もいた）など、いわば「日本」というものをいかにして相対化し得るか、ということを特集した。

これはなかなか評判がよかった。政治問題的なものではなく、文化的な側面からナショナリズム批判ができたと思っている。

2 『千利休 無言の前衛』

赤瀬川原平さんの岩波新書『千利休 無言の前衛』は評判のよかった本だ。この企画は、映画監督の故・勅使河原《てしがわら》宏氏が「利休」という映画を作る際、脚本を赤瀬川さんに依頼した。赤瀬川さんは映画の脚本経験がなく、かなり苦労されていたようだが、その際に千利休に関するさまざまな本をたくさん読んだり、韓国に行ったりと多くの取材をした。

それをもとに脚本は完成したが、せっかくそこまでやったのだから、「赤瀬川さんにとっての利休を一冊まとめたらどうか」と持ちかけて取り込むことになった。

映画の脚本には『秀吉と利休』という野上彌生子の原作があったが、いざ利休についての自分の本を書き下ろそうとすると赤瀬川さんもなかなか構想がまとまらず、ホテルに「缶詰め」

になったりして四苦八苦した。

なぜそこまで難航したかというと、この本の狙いは利休の評伝や単純な「利休論」ではない。赤瀬川原平というフィルターを通して初めて見えてくる利休像、赤瀬川原平が利休の内部に入って物事を見るような、そういった視点で書かれる利休像だからだ。

いろいろな書評の中で、私自身、そして赤瀬川さんが一番喜んだのは、「この本を読んで、初めて利休が物事をどんな風に見ていたのかがわかった」というもの。つまり、利休の視線を獲得できた、という批評が非常に嬉しかった。

赤瀬川原平『千利休　無言の前衛』より
「空想の利休・楕円の茶室」

そういう意味では、単に赤瀬川原平が「利休論」を書いた、ということを超えて、赤瀬川さんにとっても一つの新しいスタイルを作ることができたと思う。赤瀬川さんは、その後ベストセラーをどんどん生産する作家になっていったが、その一つの転機になった本かもしれない。そういう観点から見れば、作家に新しいテーマだけではなく、新しいスタイルに挑戦してもらい、それが成功裏に終わったという点で、編集者としてたいへん嬉しく、記憶に残る仕事だった。

3 『俳句という遊び――句会の空間』

著者の小林恭二氏は、学生の頃から東大俳句会というサークルに属して創作活動をしていたが、小説家になってからは俳句からは離れていた。そのころ小林さんと話していて、「何か俳句に関する決定的な本でも一冊作って、それできれいサッパリ足を洗いたい」ということを言っていた。ではその「決定的な一冊」とはなんだろう、と話を重ねていき、「それは『究極の句会』というものをやるしかないだろう」ということになった。

つまり、まったく実現するとは思っていないけれども、もし実現したらとんでもない理想の句会、そうしたものを実現してみたかった。というのも、小林さん自身の経験から言えば、句会というものは本来楽しいもので、とても魅力的なものだ。それは「座」としての楽しさもあると同時に、文芸活動としても非常にクリエイティブで面白い場である。そうしたいわば俳句の「醍醐味」である句会を、最高のメンバー、最高のシチュエーションでやってみたい。そういう贅沢な目標を立てた。

それから人選に入り、結果として飯田龍太、三橋敏雄、安井浩司、高橋睦郎、坪内稔典、小澤実、故・田中裕明、岸本尚毅という八氏を揃えた。世代も結社もバラバラだが、当代最高の実力を発揮するのではないかと思われる八人をお呼びしたのである。伝統系の最長老である飯田龍太にはじまって、前衛系の大家・三橋敏雄、安井浩司といった人まで、方向性も年代もバラバラだが、実力は最高のメンバーを集めることができたと言える。

句会は、山梨県にある飯田龍太邸、通称「山廬」で二日間にわたって行なわれた。「山廬」は飯田蛇笏、飯田龍太の父子を生んだ「俳句の聖地」とも言える場所だ。そこで作られた俳句が非常に見事なものだった、というだけではなく、その場に当代最高の俳人が集まって楽しい二日間を過ごす、というえも言われぬ至福の時を味わうことができた。

その力もあってか、本としても非常にうまくまとまり、句会というものが実に楽しいものだということを読者に伝えられた。本が売れたのはもちろんだが、その後の句

会ブームの発端ともなった。今でこそ、結社や世代を超えて行なわれる句会というものがテレビや雑誌などで見られるようになったが、この本が出るまでは、そんなことは全く考えられなかった。その意味で、この本が俳句史における一つの全く新しい画期となったと思っている。

もちろん、この句会の実現までには、小林さんとともに味わった相当な苦難があった。たとえば飯田さんのお宅を訪れては、昼から夜中まで飲み続け、挙げ句に帰りには大雪で朝まで電車に閉じこめられたり、といった思い出があるが、そうした著者とともに味わった苦労も、結果として俳句という文芸の世界に新しい展開をもたらすことができ、かつそれがよく読まれ、大きな影響を及ぼすことができたというあたり、編集者としての大きな喜びを、この本を通じて得ることができたと思っている。

4 『竹の民俗誌――日本文化の深層を探る』

これは一九九一年刊行の岩波新書である。

通常、日本の歴史というと、大和朝廷から始まって天皇家、あるいは幕府をはじめとした支配者の歴史として語られており、学校の教科書などでもそうした叙述が中心となっている。しかし、日本の文化史というものを「卑賤視」されていた底辺の人々の視点から見直すとどのように見えてくるか、という大きなテーマで日本史の再構築を図ったのがこの本だ。

とは言っても、最初からそうした大テーマとして迫るのではなく、具体的には「竹の民俗」というものに焦点を当て、その観点から日本史を見直した際に、今まで全く見えてこなかった歴史の諸相が見えてくる、という構想にした。

竹の民俗については、あまり知られてはいないが、実は被差別部落の中で伝承されてきた文化がきわめて多い。たとえば、茶道で使用する茶筅や茶杓などはすべて被差別部落で作られてきたものだし、米の収穫作業に必要な箕作りも関東以西ではすべて被差別部落の産業だ。

このように、竹をめぐる民俗は被差別部落ときわめて密接な関連をもっているが、この本では、それはなぜなのか、という点を丹念にたどっていく。たとえば、「隼人」という南九州に住居していた日本の先住民と言われる人々が、大和朝廷に服属した際、『古事記』などで「隼人舞」として紹介されている服属儀礼を行なう。彼らが九州から大和地方、今の奈良県に強制移住させられた際、竹とそれにまつわる民俗も移植されていったと考えられる。実際に奈良県では、各地に南九州地方と通底する文化習俗が残っている。

そう考えた場合、竹の民俗というものは、大和朝廷以前の「隼人」の文化の痕跡として見ることもできるのではないか。また、竹はその成長力の早さから、ある種の呪力をもっているとされ、それがために霊性をもつ。霊性をもつということは、すぐに卑賤視にもつながるわけだが、そうした「聖」と「賤」の構造を見る。あるいは「竹取物語」、かぐや姫伝承の古層には、さまざまな隼人系先住民の痕跡を見ることができる、といったことを取り上げ、竹の民俗を通じて日本文化の深層を探ってみることを狙った本だ。

事実、この本で扱った内容は非常に多岐にわたっており、「竹」という観点から、竹細工をめぐる「聖」と「賤」の問題を幅広く展開し、もう一つの日本文化史を浮かび上がらせることができた。そのおかげで読者の反響もよかった。と同時に、この本が出て以後、テレビなどで「竹」にまつわる情報を取り上げる際にここから「無断引用」した番組も出てくるなど、影響の大きさも印象に残っている。

竹はきわめてポピュラーな植物だし、竹細工は各地の土産物や村おこしの産業として重要なアイテムとなっている。だが、その根幹部分には、日本文化をめぐる「聖」と「賤」、そして差別という問題が横たわっていることを、くっきりと浮かび上がらせることのできた好著だった。

5　『現代短歌辞典』

私にとって辞典作りというのは初めての経験だった。辞典というものは普通の本や雑誌と違ってレンジが長い。この辞典にしても三年かかった。「辞典にしては三年は短い」と、岩波書店の辞典部の人には言われたが……。

この本を作るきっかけは、先ほど挙げた『俳句という遊び』の延長上にある。ある時「俳句の次は短歌をやろう」ということになり、雑誌『へるめす』誌上で「へるめす歌会」という企画を始めた。当時は俳句もブームだったが、それ以上に短歌において俵万智、穂村弘ら新しい

世代のスターがどんどん生まれてきていた。彼らの作風は正反対だが、短歌という表現が、ある「新しさ」をもって迎えられていると感じていた。では短歌の現在とは何か、文芸としての新鮮味とはどこにあるのかを見ていこうと、『へるめす』誌上で何度か歌会を開催したのである。

その結果は、小林恭二さんが岩波新書として『短歌パラダイス——歌合二十四番勝負』としてまとめた。その頃、同時に岡井隆氏を中心に、「短歌表現を見直す」ことを目的としたIの会という研究会を開いていた。『へるめす』歌会は二〇代を中心とした若手だったのに対して、研究会は岡井さんを中心にした五〇歳以上のベテラン歌人たちで構成されていた。ある時、それを合体させていわば「現代短歌のお祭りをやろう」ということになり、歌会が実現した。

その記録が前述の『短歌パラダイス』だが、それが終わった際、岡井さんらと話していて、「これだけ短歌表現というものが新しくなってきているときに、短歌を支えている言葉、『歌言葉』とはなんだろうか、ということを総括する必要があるんじゃないか、と同時に、『歌言葉』をしっかりと見据えることによって、現代における短歌の意味も、次の時代に向けての短歌表現の可能性も出てくるのではないか。それをやるなら、いっそ『辞典』を作ろう」という勢いで企画話になった。

そこでどんな辞典にするかと考えたとき、基本的には「歌言葉」の辞典にしたかった。短歌表現の中で、いろいろな言葉がどのように生まれているか。また、かつての和歌の時代には「歌枕」というものがあって、土地土地にまつわる歌の記憶というものが営々と伝承されていたが、もはやそうした「歌枕」という土地にまつわる記憶だけではなくて、言葉にまつわる記憶の連鎖、伝承というものもあるだろう。同時に、良い歌はかならず良い「言葉」によって支えられているはずだ、という観点から、まず言葉を見直すことから始めた。

そこで、岡井隆、三枝昻之、永田和宏、小池光、道浦母都子、樋口覚、加藤治郎、穂村弘、荻原裕幸、俵万智の一〇氏に、これもまた結社や世代を超えて、編集委員として集まってもらった。ベテランから若手まで、いずれも「歌言葉」に強い関心をもつ人たちだ。

彼らにまず、自分が最も好きな歌五〇〇首を選んでもらう、というところから始めた。何百万首もある中から五〇〇首を選ぶわけだから、これは非常な難行だったと思う。そして選んだ五〇〇首をデータベース化して、その好きな歌を支えている言葉をマークしてもらった。そうすることによって、自分の好きな歌、優れた歌を支えているものが何か、ということを明確にする狙いがあった。いわば「言葉から歌に入る」のではなく、「歌から言葉に入る」ということをやってみたことになる。

これは大変な苦労で、編集委員たちは本当に苦しんだと思う。それでも必死に五〇〇首を選び、必死の思いでその歌を支えている言葉を選び出してもらった。そうすることで初めて、近現代短歌の秀歌の中で実際に使われている「歌言葉」というものを抽出することができた。

一般に、「辞典の命は項目選び」と言われている。どんな項目を選ぶかで辞典の価値の八割方は決まってしまうと言われるが、この本でも項目選びが一番大変だった。それが終わったところで、いろいろな歌人に執筆を依頼するわけだが、肝心の項目をどのように選ぶかがまた問題で、膨大にある短歌の中から五〇〇首を選び出し、さらにその歌の中からキーワードとなる歌言葉を選び出す、というデータベース作りは非常に大変だった。今から思えば笑って振り返ることができるが、とても思い出深い苦労をしたように思う。

この辞典が刊行された一九九九年という年を考えてみると、九〇年代の終わり頃から、日本語に対する関心が高まり、「日本語ブーム」が起こりつつあった。そういう流れにもこの『現代短歌辞典』は呼応したのだと思う。

詩歌という特殊な韻文の中に詠まれた言葉ではあっても、日本語の文学表現を支える言葉とは何か、という観点から捉えたため、言葉の新鮮さを読者に提供できたことが、高い評価をいただいたことにつながったのだろう。

6　シリーズ「海のアジア」「いくつもの日本」

一冊ごとの本の編集も面白いものだが、あるまとまったシリーズを企画するのも編集者の醍醐味の一つである。シリーズ企画では、たいていの場合、編集委員の著者を集め、企画の狙いを討議し、巻構成などを詰めていく。その際、編集者の側の問題意識のあり方が企画の性格を大きく左右する。端的に言えば、編集者主導の企画か、編集委員主導の企画か、ということだ。ここでは私が企画した二つのシリーズを紹介する。

まず初めに「海のアジア」。

一九八五年くらいからインドネシアの方へ旅行する機会が多かった。それもバリ島とかジャカルタといった観光地ではなく、マルク諸島など辺境の島々に行った。そこでは海を舞台に生

きている人々の姿を生き生きと感じることができた。そのとき、アジアの海は企画のテーマになるのではないか、そう漠然と思ったのが一つのきっかけである。

問題意識の方向としては次の二つの点が挙げられるだろう。第一に、日本人がアジアに入っていく場合、以前はどこかヨーロッパの視点を経由しているところがあった。たとえば、バリ島へ行くにもベイトソンの本を読んでから行くというように。ところが、今の学生などを見ていると、ダイレクトにアジアに入っていく。この背景としては、やはり西洋型の知の限界を、理屈ではなくどこか体感的に彼らは感じているのではないかと考えた。

それから第二に、歴史にしてもそうだし、今の政治や経済の枠組みにしてもそうだが、陸の発想というか、国境に縛られた発想がかなり行き詰っていると感じていた。たとえばスールー海。ここは陸の発想で言えば、インドネシアがあって、フィリピンがあって、マレーシアがあって、これらの国々の国境海域というくらいにしか意味をもたない。ところが、発想を変えてスールー海の方を中心に考えると、国境線などにとらわれず海を舞台に自由に活躍する人々がいた。彼らの視点に立つと、これまで見えなかった関係性が見えてくる。あるいは、東南アジアのボルネオ島とアフリカのマダガスカルはインド洋を隔てて何千キロと離れているが、同じ民族がいる。これも陸の発想では到底解けない問題だろう。

こうした二つの視点がクロスしながら「海のアジア」というテーマが浮かび上がってきたのが企画の発端である。そこで、尾本惠市（自然人類学）、濱下武志（近代中国史）、村井吉敬《よしのり》（アジア経済論）、家島《やじま》彦一（イスラーム史）という方々に編集委員となっていただいた。研究会方式でしばらく意見交換しているうちに、今までアジアをテーマとした本はたくさんあったが、海という観点から捉えたシリーズは全くなかったという結論に至った。

シリーズ化するには、やはり斬新で少しでも多くの人に読んでもらえるようにしたかった。研究者向けではなく、もっと広く一般の読者、たとえば企業の最前線で働いている人々やアジアに出かけようとしている若者たちにアピールしたかった。文体は堅苦しいものではなく、学問的な成果をふまえながらも自分の言葉で読者に語りかけるスタイルをとるようお願いした。あるいは、各巻に座談会をセッティングした。そうすれば語り口調なのでわかりやすいし、学問的に分類するのが難しい最先端の話題まで踏み込んでもらえるはずだという思惑があった。それからビジュアルな要素も不可欠で、一流のカメラマンにお願いして最新の画像を借りてきた。それも単にきれいなアジアの写真というのではなく、その写真からさらに一歩踏み込んだテーマ性を打ち出したかった。

シリーズの雰囲気を伝えるために、たとえば第四巻を取り上げてみよう。この巻はウォーレシアをテーマとした。ウォーレシアというのは、スラウェシ島からニューギニア島まで、広く言うと東南アジアからオーストラリアの間の海域をさす。一九世紀にウォーレスという進化論で有名な博物学者がいたが、彼から取った名前で、自然科学の方でよく使われている。

バリ島とそのすぐ近くのロンボク島との間にウォーレス線というのがある。かつてこのあたりには二つの大きな大陸があった。バリ島より西や北に広がる大陸棚は東南アジアの大陸とつながっており、スンダランドと呼ばれている。ロンボク島の東、ニューギニア島からオーストラリアにかけての海域もひとまとまりの大陸だったことがあり、サフールランドと呼ばれている。両方とも沈んで多島海となったが、この二つの大陸を隔てていた大きな裂け目をウォーレス線という。ここを境界に生物相が全然違うものとなっており、蝶にしても鳥にしても、それぞれに独自の進化を遂げた生物がいる。

しかも、単に生物相が異なるというにとどまらず、人間についても同じことが言える。マレー人は東南アジアから来て、パプア人はオーストラリアから来た。今は複雑に入り混じっているが、そういう意味では人類学上の大きな問題も抱えている。歴史時代に入ると、胡椒《こしょう》や丁子《ちょうじ》、ナツメグなどの香料貿易をめぐってポルトガル、オランダ、イギリスといった国々が植民地戦争を繰り広げた。近代に入ると、日本の侵略戦争の問題も出てくる。また、最近ではマルク諸島の宗教抗争で何千人という犠牲者が出た。座談会には、直前まで大虐殺のあった島で取材をしていた笹岡正俊さんに出席してもらった。かつて夢の島、理想の島、ユートピアのように思われていた島でなぜ虐殺が起こったのか？　そうした驚きから座談会の話題が始まり、抗争の背後にある政治的な問題をあぶりだした。

このようにウォーレシアとは自然科学、人文科学、さらには現代の政治の問題に至るまで複雑な問題を投げかける海域である。そのウォーレシアから世界を考え直してみようという問題意識があった。そこからは最終的に人間をいかに見つめていくかという大きなテーマにつながってきたのである。

次は「いくつもの日本」である。これは、赤坂憲雄、原田信男、中村生雄、三浦佑之の四名が編集委員。それぞれ民俗学、歴史学、宗教学、古代文学が専門である。この企画は、実は先ほど紹介した『へるめす』での特集「くずれゆく日本」の延長上に出てきた企画である。そのときの座談会のテーマが「いくつもの日本」。その問題意識をあらためて赤坂氏と共有し、企画化に入っていった。

「ひとつの日本からいくつもの日本へ」——編集サイドの問題意識をいかに各巻の著者に伝えるかがポイントだった。そのため、可能な限り著者に面談しに出向いていった。厳寒の季節に吹雪の青森・北海道の遺跡発掘現場を訪ねたり、サンカと呼ばれた人たちの生活を広島県の山奥に取材に行ったり、宮崎県の秘境・椎葉まで著者に会いに行くなど、自分自身にとっても「いくつもの日本」を確認する作業であった。

司修さんの装丁もすばらしかった。沖縄の紅型やアイヌの紋様を使って、本の雰囲気までもが「いくつもの日本」を醸し出していた。

なかなかシリーズは営業的に苦戦することが多いのだが、この「いくつもの日本」は、半数近くが重版することができた。余談であるが、三浦佑之さんは、今をときめく直木賞作家・三浦しをんさんの父君である。

7 『賢治の手帳』『イーハトーヴォ幻想』

最後に、楽しかった思い出を語って終わろう。司修さんの『賢治の手帳』と『イーハトーヴォ幻想』。これはどちらも『へるめす』を母体にして作った本だ。

『賢治の手帳』は一種の絵本だが、『へるめす』がリニューアルする直前に連載していたもので、司さんが毎回八ページのカラーページをＣＧで創っていた。『春と修羅』『ポラーノの広場』『雪渡り』『泉ある家』『イギリス海岸』『水仙月の四日』『注文の多い料理店』『銀河鉄道の夜』というふうに宮沢賢治の作品を毎回一つずつ取り上げて、岩手県の賢治の郷里に行っていろいろなところをぶらぶらと歩き回り、そこで拾ったイメージを図像化して連載するというやり方だった。

私も毎回、一緒に行った。始発の新幹線で行って一晩温泉に泊まって翌日最終の新幹線で帰ってくるという「一泊二日の楽しいけれどハードな取材旅行」を繰り返していた。漠然と「今

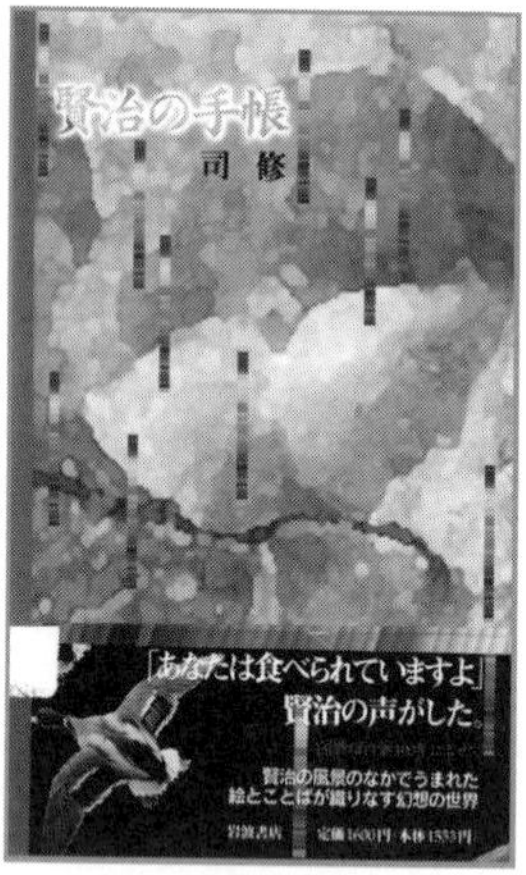

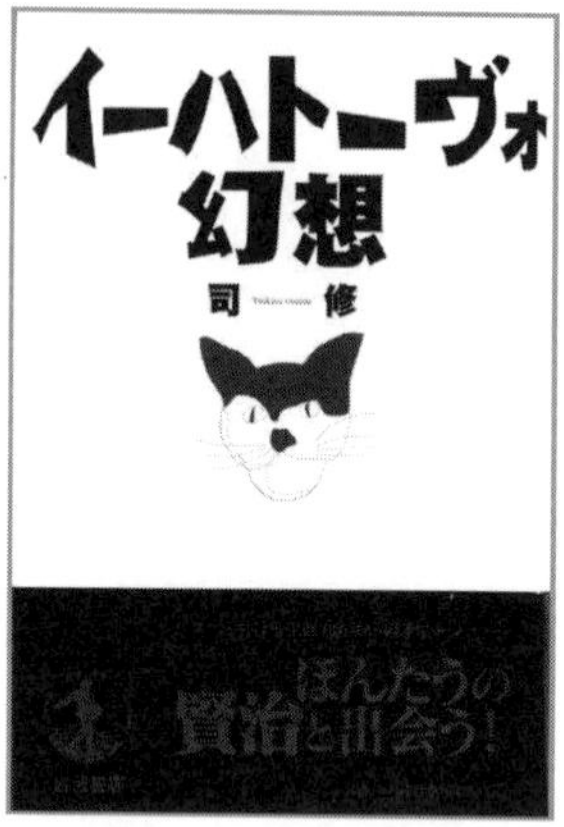

回は『春と修羅』にしよう」とか「『雪渡り』にしよう」ということは決めるが、だからといってどこに行くわけでもなく、ぼんやりと種山ヶ原を歩き回ったり、『注文の多い料理店』の山猫軒のモデルとなったと思われる洋館を発見したりと、楽しい思い出がいろいろある。

　最初は絵にする目的で都合六回行ったが、それが非常に楽しかったので、その際の思いをもとに、司さんに「宮沢賢治へのオマージュとしての小説を書き下ろしで書いてはどうか」ともちかけたところ、その気になってくれた。そして一気に三〇〇枚書き下ろした小説『イーハトーヴォ幻想』を、リニューアル二号目で「宮沢賢治特集」をした際に掲載した。

　たいてい、取材同行というのはある目的をもった取材になることが多いのだが、ただ無目的に岩手に行くだけ、温泉に入ったり、種山ヶ原を散策したりということを一年間やって、しかもよい仕事ができた。作家の想像力を刺激するという大義名分であったが、編集者にとって、たまにはこういう楽しいこともある。

参考文献

赤瀬川原平『千利休　無言の前衛』岩波新書、一九九〇年
赤瀬川原平『目利きのヒミツ』光文社知恵の森文庫、二〇〇二年
岩崎勝海『編集長二十年』高文研、一九八五年
岩波書店編『岩波書店八十年』岩波書店、一九九六年
岩波書店編集部編『岩波新書の五〇年』岩波新書、一九八八年
岩波書店編集部編『カラー版　本ができるまで』岩波ジュニア新書、二〇〇三年
植田康夫編著『新　現場からみた出版学』学文社、二〇〇四年
臼田捷治『装幀時代』晶文社、一九九九年
岡井隆監修『岩波現代短歌辞典』岩波書店、一九九九年
岡本　薫『著作権の考え方』岩波新書、二〇〇三年
沖浦和光『竹の民俗誌』岩波新書、一九九一年

大平　健『ニコマコス流頭脳ビジネス学』岩波書店、二〇〇一年
鹿野政直『岩波新書の歴史』岩波新書、二〇〇六年
菊地信義『装幀＝菊地信義の本』講談社、一九九七年
小林恭二『俳句という遊び』岩波新書、一九九一年
斎藤貴男『安心のファシズム』岩波新書、二〇〇四年
佐藤卓己『『キング』の時代』岩波書店、二〇〇二年
出版・人権差別問題懇談会幹事会編『差別表現についてのシンポジウム集』出版・人権差別問題懇談会、二〇〇四年
出版ニュース編集部「日本の出版統計」『出版ニュース』二〇〇六年五月上旬号
出版年鑑編集部編『出版年鑑　二〇〇六年度』出版ニュース社、二〇〇六年
杉村　武『近代日本大出版事業史』出版ニュース社、一九六七年
田島泰彦『この国に言論の自由はあるのか』岩波ブックレット、二〇〇四年
司　修『賢治の手帳』岩波書店、一九九六年
司　修『イーハトーヴォ幻想』岩波書店、一九九六年
寺田　博編『時代を創った編集者１０１』新書館、二〇〇三年
中島義勝「戦争の中の岩波新書」『日本出版史料３』日本出版学会・出版教育研究所共編、日本エディ

タースクール出版部、一九九七年
長岡義幸『出版をめぐる冒険』アーク出版、二〇〇四年
長岡義幸『「わいせつコミック」裁判』道出版、二〇〇四年
長岡義幸『発禁処分』道出版、二〇〇五年
永原慶二監修『岩波日本史辞典』岩波書店、一九九九年
橋本健午『発禁・わいせつ・知る権利と規制の変遷』出版メディアパル、二〇〇五年
長谷川郁夫『美酒と革嚢』河出書房新社、二〇〇六年
原　研哉『デザインのデザイン』岩波書店、二〇〇三年
平出　隆「歯をもつ装幀」『へるめす』一九九七年一月号
松田哲夫『編集狂時代』新潮文庫、二〇〇四年
宮田毬栄『追憶の作家たち』文春新書、二〇〇四年
文　嫌　珠「日本の書籍出版編集者の専門的職業化過程に関する研究」上智大学学位論文、二〇〇四年
鷲尾賢也『編集とはどのような仕事なのか』トランスビュー、二〇〇四年

あとがき

近年、出版の危機については、さまざまに言われている。読者人口の激減による出版社・書店の経営危機、メディア状況の変化や生活習慣の変化による書籍・雑誌離れ、携帯電話やインターネットの普及による情報産業の変容など、活字文化に依拠している出版産業というのは、すっかり斜陽産業となった感さえある。

しかし、たとえ紙を媒介にした書籍・雑誌という形態が衰退してゆくにせよ、過去一〇〇〇年以上、少なくとも近代以後一〇〇年以上にわたって受け継がれてきた出版文化というものはまだまだ滅びないと確信している。本文中でも繰り返し述べたように、批判精神というのはいつの時代にあっても必要なものだし、文化を育み次代に伝えていく営為は絶えることがないと考えるからだ。

その営みを支えているのが編集者なのである。そう考えたとき、編集者の思考方法は、単なる書籍や雑誌のクリエイターということに限定された職業ではなく、文化の伝播者としての遺伝子を運ぶ存在であると言うことができる。本文中にも述べたように「精神のリレー」によって、価値の創造性を先人から受け継ぎ、次の時代へバトンタッチしていく作業である。

実際、編集者の思考方法は、世界を構築する創造性に満ちている。問題を提起し、その解決のために人と人をつなぎ、問題群に応じたネットワークを形成する。その結果、新しい価値観が追求され、文化の深度が増していく。そうした知的快楽に溢れた職業であり、文化の媒介者としての存在意義は、本や雑誌という紙媒体の枠を超え、あらゆる文化産業の要として存在することになる。編集者とはそのような職業なのである。文楽の味わい深い舞台が黒子の存在を抜きにしては成り立たないように、文化的営為も編集者という黒子の存在を必要としているのである。編集者はそれに応える義務がある。

二〇年以上にわたり編集者をしてきて、楽しいことばかりではなく、辛いこともももちろんあった。しかし文化の伝達者としての喜びは、何ものにも替えがたいものだった。その喜びを少しでも伝えることができればと思ったのが、本書出版の原点である。いまは第一線の現場を離れ、大学という場に籍をおくことになり、あらためて編集者とは何かを考えてみた。そのレポートが本書である。

もともと本書は、専修大学文学部日本語日本文学科の大学院生に行なった話が基になっている。その時にお世話になった栢植光彦教授と大学院生たちにお礼を申し上げる。今回、単行本にまとめるにあたっては、千倉書房の千倉真理さん、黒羽夏彦氏の両氏に編集をお願いした。生田のキャンパスにまで出向いて、学生とのやり取りをコラムにまとめてくれたのはお二人である。また千倉真理さんとは、『へるめす』創刊のころに、当時、文化放送のＤＪだった真理さんに原稿をお願いしたことが縁のはじまりだ。二〇年の時が流れて、奇しくも今回は立場が変わって私が著者になることになった。これもひとつのネットワークの賜物であろう。また私のゼミや講義中に、いろいろと協力してくれた学生たちにも、ありがとうと言いたい。

最後に、私の初めての本の装丁をしてくれた畏友・司修さんに感謝する。編集者とは何かを、身をもって教えていただいた司さんに装丁をしていただけることは、私にとって何よりの喜びである。

二〇〇六年七月一五日

二月末に急逝した父の初盆の日に

川上隆志

川上隆志（かわかみ たかし）
1960年生まれ。東京大学文学部東洋史学科卒業。岩波書店に入社して単行本や岩波新書の編集を手がける。大平健『やさしさの精神病理』、水木しげる『妖怪画談』、赤瀬川原平『千利休　無言の前衛』など数々の話題作を編集したほか、『へるめす』編集長として従来の岩波カラーとは一味違う新機軸を打ち出した。現在、専修大学文学部助教授（日本文化論、出版文化論）。

編集者

2006年9月15日　第1刷発行
2024年3月 5日　第4刷発行

著　者　川上隆志
発行者　千倉成示
発行所　株式会社 千倉書房
〒104-0031　東京都中央区京橋3-7-1
TEL 03-3528-6901　FAX 03-3528-6905
https://www.chikura.co.jp/
印刷・製本　藤原印刷 株式会社

ISBN978-4-8051-0867-3 C1000